Irene Pietsch

SCHOSCH 1

Mandamos Verlag

© 2019 Irene Pietsch

Umschlag: Irene Pietsch
Illustration: Irene Pietsch

Verlag:

Mandamos Verlag UG (haftungsbeschränkt)
Alte Rabenstr. 6, 20148 Hamburg

Herstellung und Auslieferung:

tredition GmbH
Halenreie 42, 22359 Hamburg

ISBN

Paperback   978-3-946267-54-6
Hardcover   978-3-946267-55-3
e-Book   978-3-946267-56-0

Statt Vorwort

*Einige Namen in dieser erzählerischen Doku-
mentation sind aus Datenschutzgründen in Ab-
kürzungen wiedergegeben.*

Hamburg, im Januar 2019

Irene Pietsch

Ein Sommernachmittag. Ich will hören und sehen, was andere zu hören und zu sehen bekommen. Normalerweise fährt man nicht mit der roten, blauen oder gelben Linie, wenn man aus Hamburg ist. Die Doppeldecker sind Touristen vorbehalten. Die Entscheidung, sich einer der Linien zu bedienen, fällt, als wir in der Hafencity sind und bei glühender Hitze das Sommerfest am Lohsepark suchen, da, wo der Hannoversche Bahnhof war, von wo aus Hamburger Juden deportiert wurden. Ich hatte es im Laufe einer Recherche über das Museum für Kunst und Gewerbe durch einen Hinweis aus amerikanischer

Feder eines Nachkommen von NS-Opfern zu dem - inzwischen für den Publikumsverkehr gesperrten - Innenhof des Museums herausgefunden und die Pressereferentin des Museums danach gefragt.

Sie, eine gelernte Goldschmiedin, war im schönstem Sächsisch verärgert über meine Kühnheit, die Pressearbeit des Museums in Frage zu stellen, fand es aber dann doch wohl opportun, sich in angemessenem Abstand zu ihrer Verärgerung, entsetzt zu zeigen.

Nachdem ich nicht locker gelassen hatte, tat sie sogar noch ein Übriges und versprach, sich kundig zu machen, warum in keiner Publikation des Museums davon die Rede ist. Es hatte die Kriegsjahre - vermutlich als besonders schützenswertes Objekt - ohne ernsthafte Beschädigungen hinter sich gelassen und dürfte im Besitz von Dokumenten sein. Auf das Wirken der Museumsspitze und einiger ihrer Mitarbeiter während der NS-Zeit wird jedoch in Veröffentlichungen hingewiesen.

Ich gab den Stand meiner Recherchen an eine interessierte Persönlichkeit weiter. Ein Resultat ließ auf sich warten.

Der Hannoversche Bahnhof ist jetzt erst Gedenkstätte geworden. Sie liegt in der Hafencity.

Die Pressereferentin und ich waren über mein erstes Buch „Heikle Freundschaften – Mit den Putins Russland erleben" in Kontakt gekommen, als mir über den damaligen Vorstandsvorsitzenden der mitgliederstarken und sehr einflussreichen Justus Brinckmann-Gesellschaft, Herrn Prof. Dr. Ing. CF, eine Lesung in der dem Museum angeschlossenen Bucerius Bibliothek organisiert worden war. Er war SPD Bürgermeister von Stuttgart gewesen und danach Städteplaner der zweiten Stunde nach dem Zweiten Weltkrieg im mit absoluter SPD Mehrheit regierten Hamburg und einer der wichtigsten

Ansprechpartner für die Wohnungsbaukreditanstalt, die ihren Sitz am Besenbinderhof hat. Ihr Vorstandsvorsitzender war der verstorbene SPD - Bürgerschaftsabgeordnete Dr. HFr..

Ich besuchte vor Jahren Herrn Dr. HFr. in seinem Büro. Damals sah die Gegend von dort oben beinahe romantisch aus. Der Besenbinderhof mit der Grünanlage wirkte rein optisch wie ein Central Park mit Madison Square Garden, nur alles viel viel kleiner und mit einer ganz ganz anderen Geschichte.

Der Direktor des Museums für Kunst und Gewerbe an der Brockestraße - benannt nach dem

Komponisten, dem ein eigenes Festival in Bergedorf gewidmet ist - war Herr Prof. HoBo. Unter seiner Regie konnte das Museum eine beachtliche Ostasiensammlung aufbauen, die teilweise eine Dauerleihgabe des Hauses Reemtsma ist.

Reemtsma steht auch hinter dem Barlach Haus im Jenisch Park in Groß Flottbek, das bereits mehrmals - neben seiner ständigen Schau von Ernst Barlach Skulpturen, in denen der Künstler seine Kriegserinnerungen in Russland verarbeitet hat - bemerkenswerte Ausstellungen von internationalen Expressionisten und russischen Künstlern zeigte.

Auch das Museum für Kunst und Gewerbe hatte davon einiges zu bieten. Die Herkunft einer der umfangreichsten, wenn nicht die umfangreichste Sammlung von Plakaten überhaupt, wie Herr Prof. HoBo gerne unterstrich, blieb im Dunkeln. Nur ab und an wurden einige Exponate davon – auch Keramiken – gezeigt. Die frühsowjetischen Keramiken gelten als Unikate.

Alles zusammen lässt erahnen, welche Schätze im Keller oder auch auf dem Dachboden des Museums einer Erweckung warten. Zuletzt war es das Schicksal von Lavinia Schulz und ihrem Mann

Walter Holdt gewesen, der dänischer Abstammung war. Sie war expressionistische Tänzerin, er Musiker, Komponist und ihr Tanzpartner.

Lavinias Markenzeichen: selbst genähte Ganzkörpermasken, die an Fabeltiere erinnerten und ihre Zügellosigkeit, die wegen „unzüchtiger" Darbietungen mit Walter Holdt ein Auftrittsverbot zeitigten. Wer sie angezeigt und das Verbot erwirkt hatte, bleibt mysteriös, da sich die beiden eines großen Publikumserfolgs erfreuen durften und sogar im Curio-Haus auftraten, das der Hamburger Gesellschaft mit Beziehungen vorbehalten war.

Der damalige Direktor des Museums für Kunst und Gewerbe, Max Sauerlandt, sah denn auch keinen zwingenden Grund, die Künstler nicht weiter nach Kräften zu unterstützen. Er wurde nach der Machtübernahme durch die Nationalsozialisten wegen seiner jüdischen Herkunft des Amtes enthoben. Zu seinem Nachfolger wurde Herr vS bestimmt.

Ich hatte über Frau HHH, eine ehemalige Konsulin am Generalkonsulat des Königreiches Dänemark in Hamburg, versucht, Kontakt zu den Verwandten von Walter Holdt aufzunehmen. Der Sohn von ihm und Lavinia Schulz hatte rund zwanzig Jahre nach dem Krieg das Museum für Kunst und Gewerbe in Hamburg besucht. Er hatte als Kleinkind überlebt, als seine Mutter seinen Vater und anschließend sich selber erschoss. Aufgewachsen war er bei Verwandten in Dänemark auf.

Die Mitteilungen der Konsulin über ihre telefonischen und schriftlichen Bemühungen und ein kurzer Brief aus Dänemark über das Befinden des Sohnes von Lavinia Schulz und Walter Holdt waren wenig aufschlussreich.

Ich fragte mich weiter durch.

Prof. FkB von der Hochschule für Musik und Theater Hamburg, Kultur- und Kunstgeneralist aus Ostberlin, kümmerte sich um den künstlerischen Nachlass von Lavinia Schulz und Walter Holdt. Er hatte die Magisterarbeit der Kunsthistorikerin AKa. gelesen. Sie enthielt Bilder der Masken mit präzisen Beschreibungen ihrer Materialbeschaffenheit und Zuordnung im künstlerischen Gesamtkonzept. Namen von Urviechern und Märchengestalten aus der Welt der nordischen Sagas und bei einigen Bildern sogar exakte Daten, zu welchen Auftritten sie gebraucht worden waren, rundeten den imposanten Eindruck der Machart von avantgardistischer Kunst ab.

Das Schicksal der beiden Künstler fing, im Kontext mit dem europäischen Expressionismus, an, mich lebhaft zu interessieren. Ich nahm eigene Studien darüber auf, nachdem Prof. FkB mir eine Fotokopie der Magisterarbeit von AKa. gegeben hatte.

Im ersten Schritt telefonierte ich mit AKa.. Meine Referenz: Prof. FkB. Ich wollte sie gerne in nächster Zeit interviewen. Sie wehrte ab.

Prof. FkB hatte die Ganzkörperkostüme und Masken auf dem Boden des Museums für Kunst und Gewerbe entdeckt, wie er sagte. Die Kostüme seien in einem extrem schlechten Zustand gewesen, was auf den Bildern in der Arbeit von AKa. nicht zu sehen ist, aber andererseits nicht verwundern kann, da die Masken und Ganzkörperkostüme intensiv gebraucht und wohl kaum oder gar nicht gereinigt worden waren. Wie wäre das in den Notjahren zwischen den beiden Weltkriegen möglich gewesen, wo doch in allen Biographien der beiden darauf hingewiesen wird, dass sie am Hungertuch nagten, was in der Tat von Lavinia Schulz gipfelte. Sie bediente sich dabei einer Waffe ihres Partners Walter Holdt, die er wohl – wahrscheinlich illegal und aus fraglichem Grund – zu Hause am Besenbinderhof in St. Georg aufbewahrt hatte. Holdt war, neben den Tanzauftritten mit Lavinia, mal allein, mal in ihrer Begleitung als Jazzmusiker auf St. Pauli unterwegs gewesen, was vielleicht die Spannungen zwischen dem Paar erhöht haben mag.

Zumindest Holdt zeigte pathologische Erschöpfungserscheinungen, wie Biographien berichten, aber auch Lavinia Schulz darf eine gewisse Gereiztheit und Nervosität zugebilligt werden. Sie war mit ihrem Sohn schwanger. Ob sie zu Hause am Besenbinderhof oder woanders niederkam, darüber ist in den Biographien nichts zu finden.

Die Frage nach dem Wie und Wo des Verbleibs der künstlerischen Hinterlassenschaft des Paares zeigt eine erhebliche Informationslücke, so dass die Frage erlaubt ist, ob es außer den Kostümen noch etwas anderes gab, was das Erbe der beiden für das inzwischen gemäß der NS-Doktrin gleichgeschaltete Museum wichtig gemacht haben könnte. Dass die Kostüme trotz behördlicher Inspektionen, die üblich waren, einfach vergessen oder nicht entdeckt wurden, ist eingedenk des erheblichen Volumens kaum vorstellbar, wohl aber, dass eine kunstverständige Persönlichkeit ihre schützende Hand darüber hielt und das kollektive Vergessen einsetzte, als der Terror vorbei war, um dann erst nach weiteren Jahrzehnten von einem Ostberliner mit Professur an der Hochschule für Musik und Theater in Hamburg beendet zu werden.

Wirklich?

Prof. FkB empfahl mir, mit dem Kurator der Abteilung Design und Kostüme vorsichtig Kontakt aufzunehmen, was ich tat. Er selber könne sich nicht in einem neuen Projekt von mir einbringen. Das hatte er mir schon zuvor gesagt, als ich ihn fragte, ob er für ein vielleicht noch größeres

Projekt als unser vorheriges zur Flut von 2002 zur Verfügung stehen würde. Prinzipiell fand er die Idee gut, wand sich hin, wand sich her und hatte dann endlich einen Grund zu streiken, als ich davon sprach, Youngsters aus Hamburgs Süden und von St. Georg mit Rap und Hip-Hop einbinden zu wollen.

Ich entgegnete, dass Rap und Hip-Hop eine weiter entwickelte Form des Expressionismus seien, Rap sogar in den Rang von Balladen erhoben werden könnte und einige ihrer Könner künstlerisch in die Nähe von Troubadouren und Minnesängern kämen.

Ich hätte keine Ahnung, schmetterte der vielseitige Professor meine Idee ab. Rap sei eine Lebensauffassung.

Auch Lavinia Schulz' und Walter Holdts Expressionismus war Lebensauffassung, die sie bis zu ihrem bitteren Ende am Besenbinderhof in St. Georg praktizierten, was nicht nachahmenswert ist.

Der Kurator NJo, den ich nach Prof. FkBs indirekter Warnung erst verzögert ansprach, wies meine investigativen Fragen mit dem Hinweis rabiat in die Schranken, dass er über einen Hamburger Künstler, der sich in der Hauptsache mit Designkeramik und -töpferei befasst, entfernt mit Lavinia Schulz verwandt sei und sich rein menschlich ver- pflichtet fühle, sie vor Dif- famierungen zu schützen. Er hatte überhört, dass es sich bei meinen Recherchen nicht um die Schuldfrage handelte, sondern um die Lebensumstände des Paares Lavinia Schulz - Walter Holdt im politischen Gezeitenwechsel.

Ich ließ mir bei Herrn Prof. Ho-Bo einen Termin geben und sprach das Telefonat mit Kurator NJo im Zusammenhang mit meiner Absicht an, das Schicksal von Lavinia Schulz und Walter Holdt in einem Musik-Theater-Literatur-Projekt zu verwerten. Prof. FkB stehe dafür nicht zur Verfügung. Ob er, Herr Prof. HoBo, zwischen dem Kurator und mir vermitteln könne.

Es gab keine rechtliche Grundlage, mir mein Projekt zu verbieten. Ich hätte mich auch so an die Arbeit machen können, zog aber eine Vorabinformation einem fait accompli vor.

Es war Sonntag. Mein Mann und ich besuchten das Museum. Ich wollte die Gesamtanlage auf mich wirken lassen und Inspiration daraus schöpfen.

„War der Treppenläufer immer schon aus rotem Velours?", fragte ich am Infostand.

Die ehrenamtliche Museumshelferin mit dem Selbstbewusstsein einer Dame des gehobenen Bildungsbürgertums zwinkerte verschwörerisch mit den Augen:

„*Sie meinen…?*"

Ich meinte gar nichts. Ich wurde lediglich stutzig, woher eine mir fremde Person von meinem Projektplan wusste und hatte immer öfter das Gefühl, dass Informationen aus meiner Projektplanung durchgestochen wurden.

Es erschienen Zeitungsberichte und sogar eine Art psychiatrische Stellungnahme zu Lavinia Schulz von einer bekannten Therapeutin und Gutachterin, die auch für die Frauenzeitschrift „Brigitte" schrieb. Sie lehnte sich in puncto Schuldfähigkeit kaum eine Handbreit aus dem Fenster.

Nicht in einem, sondern in allen Artikeln und Aufsätzen wurde beinahe wörtlich das wiedergegeben, was ich mit dem Forschergespann Prof. FkB und dem

Kurator NJo be- oder zumindest angesprochen hatte.

Herr Prof. HoBo wusste nichts Genaues zu dem Stand der Aktivitäten um die Masken und von keiner Verwandtschaft zwischen dem Kurator und der Tänzerin. Er hielt dessen ablehnende Haltung mir gegenüber für unverständlich.

Ja, Herr FkB sei bei ihm gewesen und habe ihm einiges erläutert, sagte Herr Prof. HoBo. Er habe nicht den Eindruck gehabt, dass Herr FkB ein Projekt plane, was meinem in die Quere kommen könnte. Ob ich nicht noch mal mit ihm reden wolle.

„Versuchen Sie es noch einmal."

„Nein."

Herr Prof. HoBo hob eine Braue, was immer das bedeuten sollte.

Dann solle ich ihn informiert halten, wenn ich mit meinem Projekt weiter sei, verabschiedete er mich, um wieder seine Bibliothekstreppe zu besteigen und in den Tausenden Büchern auf den Regalen zu forschen, während er über die Fernsprechanlage ein Telefonat führte. Das Bild hatte nicht im Geringsten Ähnlichkeit mit dem der deutschen Malerromantik, sondern vermittelte den Eindruck eines Reiches von Wissen und Kunde.

Kurator NJo löste sein Versprechen, seine entfernte Verwandte vor Untersuchungen ihrer Tat zu schützen, zumindest partiell und sehr selektiv ein. Er und nicht Prof. HoBo muss wohl an die Pressestelle des Museums eine Meldung zwecks Weiterverbreitung gegeben haben, dass auch Walter Holdt Selbstmord verübt habe, was seine Verwandte Lavinia Schulz exkulpieren sollte. Anders ist ein entsprechender Artikel in der renommierten Tageszeitung „Welt" vom Jahr 2000 – weit vor meinem Gespräch mit Herrn Prof. HoBo - nicht zu erklären.

Das „Hamburger Fremdenblatt" des Verlegers Broschek, der Vorgängerzeitung vom „Hamburger Abendblatt" aus dem Axel Springer Verlag, hatte jedoch gleich nach der Tat das Verbrechen in einer Notiz gemeldet, die – wie noch heute üblich – von der Polizei herausgegeben worden war. Demnach hatte Lavinia Schulz ihren Mann erschossen und versucht, sich selber umzubringen. Nachbarn hätten die Polizei alarmiert. Die Tänzerin sei einen Tag später in einem Krankenhaus ihren Verletzungen erlegen.

Diese Meldung wurde in einer sehr frühen Biographie des Museums für Kunst und Gewerbe über

Lavinia Schulz und Walter Holdt abgedruckt. Ich hatte die Broschüre dort in einem Karton für Restbestände gefunden und mir die Information zueigen gemacht. Sie dürfte - wie andere Biographien über die beiden vom Besenbinderhof mit grundsätzlich übereinstimmenden, aber die Tat und Tatmotive unterschiedlich beschreibenden Darstellungen - auch bei den wissenschaftlichen Mitarbeitern des Museums bekannt gewesen sein, wie sie auch Prof. FkB bekannt war. Ich brachte sie ihm eines Tages mit und erlebte zu meiner Freude, dass sie für ihn eine Überraschung war. Ob sich des Kurators und des Professors Geister schließlich daran geschieden haben, so dass Prof. FkB meinte, mich vor einem Gespräch mit Kurator NJo warnen zu müssen, vermag ich genauso wenig zu beurteilen, wie die Aussagen darüber, wer von ihnen der Entdecker der Masken tatsächlich war. Kurator NJo bestand bei unserem Telefonat darauf, dass ihm die Ehre gebühre, was ich in der Gesamtdarstellung und -problematik des Falles Lavinia Schulz - Walter Holdt für mein geplantes Projekt unerheblich fand.

Die auseinanderdriftenden Darstellungen lassen aber darauf schließen, dass es noch mehr und anderes im Zusammenhang mit dem

Lavinia Schulz - Walter Holdt Schicksal gibt, was auf den Prüfstand gehört.

Wie leicht ein Boden im Museum für Kunst und Gewerbe zu erreichen ist, wurde deutlich, als Veranstaltungen während der Restaurierungs- und Renovierungsphase in einen für öffentliche Veranstaltungen ungewöhnlichen Teil des Gebäudes ausweichen mussten.

Es war ein Raum, einem Dachboden ähnlich, zu dem eine steile Treppe – keine Stiege – vom Hauptgebäude aus führte und selbst für weniger Kundige denn Pfadfinder ohne Probleme zu finden war.

An den Wänden standen Rollen und Kartons. Es hätte eine Abstellkammer für Kunst und Krempel sein können, eine beliebte TV-Sendung für Laien im Umgang mit kleineren Erbschaften, die Herr Prof. HoBo betreute, indem er vorsichtige Schätzungen abgab, was die ihm vorgezeigten Objekte wohl wert sein könnten. Meistens riet er von einem Verkauf ab.

Herr Prof. HoBo äußerte sich mir gegenüber nicht zu der strittigen Frage, wer der Originalentdecker der Masken und Kostüme gewesen sein könnte. Im Zeitungsartikel vom Jahr 2000 sagte er aber, was er auch danach sagte, wenn er auf die Masken angesprochen wurde: *„Sie überlebten, weil sie nicht entdeckt wurden."*

Bei anderer Gelegenheit, als er neben mir saß, gab er - eher über die Schulter als ins Gesicht - zum Besten, dass Erben und das Wetter seine größten Feinde sind.

„Wie bitte?"

Er sah mich an, als habe er es mit der größten Ignorantin zu tun, die je von ihm gesichtet worden ist und gab sich später sehr erstaunt, dass ich ein Buch in der zur Universität gehörenden Warburg - Bibliothek präsentierte. Er nahm - zusammen mit Herrn Alü, dem damaligen Intendanten des „Hamburger Sprechwerks" - an der Lesung aus sicherer Verschanzung in der Galerie der Bibliothek teil. Sie ist ein Refugium für Kenner der Lokalität, eine Art Beichtstuhl für den Beichtvater.

Beide, Herr Prof. HoBo und der Herr Intendant Alü, verschwanden, als es zum geselligen

Beisammensein mit meinen Gästen kam. Herr Alü, weil die Vorstellung im „Sprechwerk" begann, Herr Prof. HoBo aus unbekanntem Grund, was nicht Besorgnis erregend sein musste.

„Erben", erklärte Herr Prof. HoBo, als er von seinen größten Feinden sprach, *„Erben sind meine größten Feinde, weil sie dem Museum vom Erblasser irgendwann mal, unter welchen Umständen auch immer, unentgeltlich hinterlassene Ausstellungsstücke zu einem späteren Zeitpunkt zurückfordern könnten, gutes Wetter, weil es die Besucherzahlen für das Museum ungünstig beeinflusst."*

Walter Holdt hatte als Musiker und Komponist hervorragende Beziehungen zu dem im Berlin der Zwanziger Jahre agierenden Komponisten Hans Heinz Stuckenschmidt, ebenfalls Interpret des Expressionismus. Er war wohl der Szene um den Verleger und Kunstsammler Herwarth Walden in Berlin verbunden, dessen Einfluss bis nach München und weiter reichte, wie Harry Graf Kessler, unter anderem Gesellschaftsreporter und Chronist der Berliner, der Münchener und auch der Hamburger Sezession, zu berichten wusste.

Die kunsthandwerklichen Hinter-
lassenschaften der exhaltierten
Spontantänzerin Lavinia Schulz
und die musikalischen Umsetzun-
gen von Walter Holdt mit den
Kompositionen von Hans Heinz
Stuckenschmidt - die drei waren
einige Zeit auch privat ein Trio
- deuten auf ehrgeiziges Streben
nach einem Gesamtkunstwerk hin,
wie das des Gesellschaftslöwen
Franz v. Stuck.

Die tragischen Geschichten um
den Badeunfall von König Ludwig
von Bayern im Starnberger See
und das Ende des Kronprinzen
Rudolf von Österreich und einer
Geliebten in Mayerling waberten
derzeit überall, obwohl beide

Unglücke mit Schweigegeboten belegt worden waren.

Es folgte der Erste Weltkrieg.

Dann kamen die Goldenen Zwanziger, wenn man zeitgenössischen Berichten glaubt und nicht hinterfragt, was golden war und vor allem, wer darin Gold sah. Bananen waren auf jeden Fall die Gewinner, es konnten aber auch Zigaretten und Zuckerli sein.

In München ist Franz v. Stuck die in allen Ecken und Winkeln mit Nymphen und Satyren, Trauben, Blumen und Vögeln gut durchschmückte „Villa Stuck" zu verdanken. Die Namensähnlichkeit mit Stuckenschmidt mag ein

Übriges getan haben, v. Stuck zu verehren. Lieber zu einem bestehenden Müller noch einen weiteren akquirieren, um Müller - Müller zu heißen, wenn in einer Konferenz Müller 1 und Müller 2 auch einen ständigen Sitz haben. Erst wenn Müller 1 sich verdoppelt oder gar verdreifacht, muss dringend auf Abhilfe der Arabesken gesonnen werden. Vielleicht Ben Müller Ibn Müller Müllerowitsch.

Die Geschichte von Lavinia Schulz und Walter Holdt hätte durch mein Genre übergreifendes Projekt ein Psychogramm und Sittengemälde innerhalb kunstgeschichtlicher Gezeiten abgeben können. Es kam anders. Ich wurde mitten in meinen Vorbereitungen von PR - Maßnahmen zu einer Expressionismus Ausstellung im Museum für Kunst und Gewerbe mit teils lebensgroßen Puppen in aufgemotzten Kostümen und Masken überrascht, die vom Museum und der Hochschule für Musik und Theater in Auftrag gegeben worden waren.

Die Hochschule war mit Musik- und Tanzdarbietungen präsent,

deren Choreografie auf der Basis von AKa.s Magisterarbeit entstanden war. Die Musikbegleitung kam nach Art von Walter Holdt daher. Sie war, wie auch die Tanzschritte, von Prof. FkB nachkonstruiert, der selber in ein Kostüm schlüpfte und an den Darbietungen teilnahm.

Die Ausstellung erzählte keine Geschichte und hatte kein Anliegen. Sie war eine Ansammlung von möglichst historisch getreuen Versatzstücken und kam damit dem Leben der beiden tragischen Künstler vom Besenbinderhof sehr nahe.

Ich lernte die Kuratorin der „Villa Stuck" im Zusammenhang mit meinem avisierten Lavinia Schulz - Walter Holdt Projekt kennen. Sie war im Freundeskreis der „Taschenphilharmonie" vom Komponisten, Dirigenten und Intendanten PetS. Er und ich hatten erfolgreich ein Mussorgsky Projekt zu „Bilder einer Ausstellung" im Münchener Stadtmuseum zur Aufführung gebracht, nachdem ich bereits den Auftrag, eine Geschichte zu der Mussorgsky Komposition zu schreiben, für den damaligen Intendanten des Festivals Mitte Europa erfüllt hatte.

Auf dieser Basis könnte getrost aufgebaut werden, meinte ich und meinte auch PetS. Mussorgsky und Expressionismus à la Lavinia Schulz-Walter Holdt – Ja!

Die Kuratorin der „Villa Stuck", eine ambitionierte junge Frau, die gerade eine Ausstellung über die Mäzenin und Künstlerin Peggy Guggenheim organisiert hatte und damit auch gerne in andere Städte gehen wollte, zeigte sich ebenfalls meinen Plänen gegenüber aufgeschlossen. Sie hoffte auf Kontakte in die Hansestadt.

Ich machte auf das Museum für Kunst und Gewerbe aufmerksam. Sie winkte ab. Das Museum hätte sich schon zu einem früheren

Zeitpunkt nicht kooperativ gezeigt.

Ähnliches erfuhr ich von der in
Wien lebenden Fotografin ChdG.

Bücher über ihre Arbeit sind bei
Hoffmann & Campe erschienen,
einem dem Museum für Kunst und
Gewerbe eng verbundenen Verlag.

Wie es mit Kunst und Gewerbe im Alltag St. Georgs aussieht, habe ich während beinahe drei langer Jahre erfahren, in denen ich dort fast Tag für Tag unterwegs war und es in Abständen bis vor kurzem noch gewesen bin.

Hintergrund: Der inzwischen verstorbene CDU Wirtschaftssenator Gunnar Uldall war an WS, einen Freund von Bürgermeister Ole von Beust, herangetreten und hatte ihn für die Idee einer Initiative begeistern können, dem Image von St. Georg als dem Stadtteil, der die gesuchtesten Terroristen und ihre Helfer und Helfershelfer beherbergt hatte, entgegenzuwirken.

Wie sollte das geschehen?

Uldall schlug ein Quartiersmanagement für den Steindamm vor,
was sich nach wenig anhörte,
aber mich vor die Frage stellte,
ob er WS zauberische Kräfte zu-
traute.

Weswegen waren die nötig?

Die Reeperbahn galt sprichwört-
lich als sündigste Meile, der
Steindamm jedoch als sündigster
Boulevard. Hier war die Al-Kuds-
Moschee, in der die Terroristen
von 09/11 ihren letzten Schliff
erhalten hatten.

Während die Terroristen sich
entweder selber mit in den Tod
rissen oder – so sie als deren

Umfeld erkannt worden waren – gefangen genommen werden konnten, blieb die Al-Kuds-Moschee mit einer etwas längeren Unterbrechung gleich nach 09/11 geöffnet, obwohl bekannt war, dass nach wie vor Hassprediger ihrem Mundhandwerk nachgingen.

Die Forderung wurde laut, Predigten in Moscheen müssten auf Deutsch gehalten werden. Die Centrums Moschee protestierte im Namen der anderen dagegen. Es kam zu einer Krisensitzung im Stadtteil, wo mit Hilfe einer mir zueigenen Argumentation gegen ein Verbot gestimmt wurde. Zu dem Zeitpunkt hatten WS und ich bereits einige Probleme ventiliert und versucht, Argumentationen für und wider zu finden, wobei unsere Meinungen im Ansatz selten auseinander gingen, in der Umsetzung jedoch erheblich.

WS hatte seinen Lebensmittelpunkt erst vor wenigen Jahren

nach St. Georg verlegt, obwohl er dort bereits seit geraumer Zeit eine Immobilie nutzte, die sich beschaulich in die Altbebauung St. Georgs an der Lindenstraße einpasst und doch eine Besonderheit aufweist, die nicht jeder mag. Sie befindet sich Rücken an Rücken mit den groß angelegten Gebäuden der Centrums Moschee, was zum Zeitpunkt des Immobilienkaufes nicht vorauszusehen war. Seine Überraschung darüber war denn auch wie von jemandem, der eine Weltreise gemacht hat und nach Hause kommt, um festzustellen, dass er nicht mehr eine Hamburger Adresse hat, sondern eine in Ankara,

Istanbul oder Izmir und die Linden bestandene Straße zu einem Vansee geworden ist.

Seinem ausgeglichenen Naturell entsprechend, versuchte WS, den misslichen Umständen etwas Positives abzugewinnen. Er bemühte sich, seine ungewöhnliche Nachbarin, die sunnitische Centrums Moschee möglichst schnell und gut kennenzulernen, um Reibungen aus Unkenntnis vermeiden zu können.

Im Hinblick auf WS' beruflichen Weg und an den Umgang mit Berühmtheiten und Sonderwünschen gewöhnt, war er dafür der richtige Brückenbauer. Wie weit diese Befähigungen auf Situationen übertragen werden konnten, die den Steindamm – die Centrums Moschee liegt dort und ihr Lindenbazar gleich nebenan, – den Stadtteil St. Georg, Hamburg insgesamt und den Rest der Welt betreffen, musste noch unter Beweis gestellt werden. Er mochte wohl angesichts der diffizilen Aufgabe und der Erwartungshaltung im Rathaus, im Bezirksamt Hamburg-Mitte, sowie bei den Ortsgruppen und -verbänden von St. Georg einen Hauch von Selbstzweifeln gehabt haben. Andere versuchten, sie ihm erfolgreich auszureden, was sich als kontraproduktiv erwies.

Mein Eindruck bei der ersten Begehung des Steindamms mit ihm war, eingedenk des Terrors, der von hier seinen Weg genommen hatte, der eines polizeilich energisch an die Kandare genommenen Lebensstranges. WS erwähnte - wohl aus dem Grund, dass man bestimmte Sachen weiß, aber nicht verlautbaren lässt und sie dennoch stets im Hinterkopf hat - mit keinem Wort den Grund der deutlich präsenten Staatsmacht.

Es war sehr still auf dem Steindamm, die Gemüse- und Obsthändler lebten zurückgezogen bis zur Unsichtbarkeit, was im Süden nicht unüblich ist. Man geht in ein Geschäft hinein, drängelt

sich an Kisten und Kästen vorbei, bis irgendwo eine Theke
auftaucht, hinter der jemand im
Halbschatten sitzt und wartet,
bis er angesprochen wird und beraten oder kassieren kann.

Ein-, vielleicht sogar zweimal
ging ich in so einen Gemischt-
warenladen hinein und befand
mich wie auf fremdem Territo-
rium, wo kein Deutsch gesprochen wird und man sogar unser
Geld einer misstrauischen Beäu-
gung unterzieht, als ob es bei
Herausgabe von Wechselgeld nach-
haltige Fingerabdrücke hinter-
lassen könnte.

Und weiter auf dem Steindamm…

Im Hansa-Theater war seit einiger Zeit der letzte Vorhang gefallen. Es handelte sich um eine begehrte Immobilie, die nicht zu haben war, da der Eigentümer des Theaters, der auch sein früherer Betreiber gewesen war, das Varieté zwar nicht mehr bespielen konnte, aber auch nicht preisgeben wollte. Wie er das über viele Jahre zu bewerkstelligen vermochte, liegt wohl im Bereich seiner Künste von tanzenden Pudeln und vergoldeter Latexgymnastik. WS hatte mehrfach mit ihm gesprochen und es schließlich irgendwann aufgegeben, ihn weich zu klopfen. Es könnte daraus der Schluss gezogen werden, dass es WS nicht so sehr um eine aktive Attraktivität des ihm anvertrauten Areals ging, sondern um einen Investor, der etwas mehr Chic durch Walking Dolls oder Sandwichmen mit Bildschirmen vor eine dann marktschreierisch angestrahlte Herberge für schmausende Menschen, dressierte Amöben und Sensationen ohne Netz bringen könnte.

Gemach!

In den letzten Jahren haben sich die Theatermacher vom St. Pauli Theater um den Erhalt der Bühne verdient gemacht. Werbung dafür sah ich in Rostock, wo sie gut angenommen wurde, wie ich hier und da meinte heraushören zu können. Ob deswegen oder aus einem anderen Grund, ist die Immobilie nunmehr verkauft worden.

Was meinten die Nachbarn dazu?

Das Spielcasino hatte seinen Betrieb noch nicht aufgenommen, eher die Liebesdienerin vor einem Hauseingang etwas weiter.

Mein Gott – so früh? Wer will da schon?

Ich lächelte und fragte, wie es ihr geht. Sie hielt einen Becher Kaffee in der Hand, weil sie erbärmlich fror.

Sie lächelte schief zurück, statt zu sagen: *„Das sehen Sie doch.*

Eigentlich verstieß sie gegen eine Hamburgische Verordnung, die Straßenprostitution in St. Georg verbietet, aber wo kein Kläger…

WS ließ sich juristisch beraten. Das Terrain sei rechtlich nicht so gesichert, dass er auftrumpfen könne, hieß es. Unter Umständen würde eine Gleichbehandlung mit St. Pauli geltend gemacht werden.

Der Quartiermanager Steindamm war des wohl gemeinten Rates überdrüssig und nahm Kontakt zum Bezirksamt Hamburg-Mitte und der Polizei Hauptwache Ecke Lindenstraße - Steindamm auf. Seine

Begründung: Abend für Abend, inzwischen sogar Tag für Tag, würden vom Auto aus Frauen belästigt und bedroht.

WS' Beobachtungen schienen mit denen der Polizei übereinzustimmen. Es wurde Abhilfe durch Verkehrsberuhigung geschaffen.

Noch mehr Neues:

Der St. Georg Kirchplatz ist ein öffentlicher Raum für Kunstwerke geworden, die in teils christlicher Verbrämung, an Golgatha erinnernd, eindrucksvoll die Ambivalenz des Stadtteils darstellen. Dadurch wird visuell eine klare Trennlinie zwischen St. Georgs orientalisch geprägtem Gesicht der Population am Steindamm, sowie seinem Einzugsgebiet bis zur Konrad-Adenauer-Allee gezogen, die – mehr noch als der Steindamm und die Lange Reihe – eine der Hauptverkehrsadern von St. Georg ist.

Während die Konrad-Adenauer-Allee ein zu Unrecht in der Öffentlichkeit wenig beachteter, sich selbst genügender Teil St. Georgs mit schrägen und interessanten Boutiquen, alten Villen in verwunschenen Gärten und einem Kindertheater ist, weist sich der Bereich um die Lange Reihe bis zur Barcastraße an der Außenalster als Domaine einer sich gelegentlich intellektuell

oder auch künstlerisch gebärden-
den und besonders abends mondän
bis elitär fokussierten Bevölkerung aus.

Auch scheint das Unterhaltungs-
programm dort im Bereich Lange
Reihe/ St. Georg Kirchplatz für
Einheimische wie Touristen zunächst ansprechender als in der
Steindamm Umgebung, ein Um-
stand, für den WS seit Jahren
versucht, Abhilfe zu schaffen
und doch keinen Fuß in die Netzwerke der Konrad-Adenauer-Allee
bekommt.

Gucken wir doch mal, wo es anders gewesen sein könnte.

Die türkischen Muslime verstärkten ihre Verständigungsoffensive mit Einladungen zum Fastenbrechen im Ramadan. Ihnen wurde gerne Folge geleistet. Presse und TV berichteten begeistert über die Erfolge. Es wurde gar ein Preis ausgelobt, die „Tulpe". Zur Jury gehörte unter anderem der ehemalige, inzwischen verstorbene SPD Bürgermeister Dr. Henning Voscherau.

Seit einigen wenigen Jahren wird auch das farbenfrohe Nawros oder Nourouz, das Frühlings- und auch Neujahrsfest der Kurden und Iraner, gerne mit deutschen Gästen in St. Georg – und nicht nur dort – gefeiert.

Das im Gegensatz zum Ramadan Fastenbrechen als weltlich geltende Nawros bietet sich für bi- und multilaterale Kommunikation an und wird deshalb von der regierenden SPD - Grüne Koalition im Hamburger Rathaus gefördert. Die Nawros Neujahrsparty ist als Gegenpol zu den Aktivitäten der Moscheen gedacht.

Dessen ungeachtet hat das Fastenbrechen nach wie vor Zulauf und Presse. Bundestags- und Bürgerschaftsabgeordnete beinahe aller Parteien, sowie christliche Geistlichkeit der großen Konfessionen und unermüdliche Moderatoren der Kulturen geben sich ein Stelldichein.

WS sagte, es handele sich bei der Kontaktpflege zu einflussreichen Muslimen darum, das Potential an türkischen Wählerstimmen zu optimieren.

So, wie ich die Soziostruktur einschätzte, waren ohnehin weit über 90% der Muslime dort keine deutschen Staatsbürger, also nicht wahlberechtigt, so dass die Teilnahme an den opulenten Festivitäten auch noch andere Gründe gehabt haben mochte.

Parallel zu dieser rein äußerlich recht angenehmen Entwicklung mussten wohl zwischen der Stadt und den muslimischen Spitzenverbänden Verhandlungen über die Schließung der Al-Kuds Moschee stattgefunden haben. Ab und an gab es über den letzten Stand der Dinge einen Bericht in den Medien, was in der Bevölkerung auf Unverständnis stieß, wo angenommen wurde, dass Kriminalität nicht verhandelbar ist. Die Stimmung gegen Ausländer wurde aggressiver. Die Al-Kuds Moschee wurde ungefähr ein Jahr nach der Diskussion über Deutsch auf muslimischen Kanzeln geschlossen.

WS informierte mich über die Schließung der Al-Kuds Moschee telefonisch, als ich gerade auf dem Steindamm unterwegs war. Die Stimme verriet Aufregung.

Woher wusste er?

Seine Drähte liefen oft an den zuständigen Bezirksamtsdienststellen vorbei, die SPD dominiert waren, direkt in das CDU – Grüne regierte Rathaus, was nach Hamburgischem Gesetz nicht erlaubt ist und normalerweise streng eingehalten wird.

Ich glaubte ihm zunächst nicht, als er mir die Botschaft über die Schließung der Al-Kuds über Mobiltelefon mitteilte. Einfach so, allerdings unter dem Siegel der Verschwiegenheit. Ich weiß nicht, warum ich zögerte, ihm die Meldung abzunehmen. Die Ungeheuerlichkeit der Existenz jener Moschee und ihrer Wirkung stand in eklatantem Gegensatz zu der Banalität der Übermittlung.

Ich brach das Siegel der Verschwiegenheit, die so viele Teilnehmer hatte, wie ein Mobilfunknetz fassen kann und rief einen Freund an, um die Mitteilung weiterzugeben, damit er sie überprüft.

Sie stimmte.

Zumindest für WS war die ihm angetragene Aufgabe nun leichter geworden, die Vermarktung des Stadtteils als Paradebeispiel homogenen Zusammenlebens, attraktiver Bauprojekte, einer Vielfalt an Szenelokalen von aftershave-schrill bis homemade vegan, von vietnamesischen Straßenküchen, auf Wunsch garantiert fleischlosem Döner rauf und runter, dem Ägypter, dem Falafel Stand, dem Strudelreich einer Hotelgruppe mit Wiener Ambitionen und Herbergen aller Kategorien voranzutreiben.

Schwamm drüber über das, was war. Wir leben ja noch.

Und das Büro von „Hürriyet",
einer großen türkischen Boule-
vardzeitung mit Redaktionsbüro
am Steindamm, zu dem WS Kontakt
hatte, war damals auch noch da.

In der Türkei wurde „Hürriyet"
geschlossen und mit einer für
die türkische Regierung von un-
liebsamen Journalisten gesäu-
berten Redaktion wieder geöffnet.

In Hamburg wären es die damaligen, nunmehr entlassenen „Hürriyet" Redakteure gewesen, die
als wache Journalisten mit Zu-
gang zur muslimischen Szene von
Al-Kuds und deren Besuchern mit
als erste hätten den Extre-
misten auf die Schliche kommen

können. Taten sie es und sagten nichts? Oder informierten sie ihre deutschen Kollegen und stießen auf taube Ohren?

Sind diese Journalisten jetzt woanders als Dolmetscher zwischen und in den Lieblingsnationen ihrer Wahl tätig?

Der Steindamm und sein Quartiermanager WS!

Der Wirtschaftssenator sollte sich schon wundern, wie alles flutscht, was er vermutlich tat. Die Chancen dafür standen gut. WS wollte nicht nur den Steindamm, sondern beinahe den ganzen Stadtteil umkrempeln und ich sollte ihm dabei helfen.

Am Ende der Lindenstraße, gegenüber vom Verwaltungsgebäude der Siemens AG, wurde der witzig gestaltete Bauzaun für ein Mehrsterne Hotel errichtet, am Hansaplatz wurde die Überwachung verstärkt, die „Turnhalle" an der Langen Reihe wurde ein schicker Szenetreff, das kleine Kellergeschäft mit den Spieluhren gibt es genauso nicht mehr, wie „Tausend Töpfe" mit lila Badewannen und den passenden Zahnbechern dazu. In was wohl jetzt gebadet wird, wenn die Einmalwäsche aus ist? Nebenan ist jetzt eine Schwulenbuchhandlung, wo unter anderem Ratgeber erhältlich sind.

Alles detailgetreu, wie gewesen oder sogar schlechter?

Der Wandel fand gelegentlich – noch viel zu selten! – da statt, wo er stattfinden sollte: im Bewusstsein der Menschen. Sie fingen an, hier und da miteinander statt übereinander zu reden, mal gestreift, mal kariert, mal in Pitataschen mit Bratkartoffeln.

Es wurde angefangen, Integration nicht nur zu propagieren, sondern in allen Belangen und Nachbarschaften zu praktizieren. Es wurde gut Deutsch übertrieben. Alles 150prozentig. Keiner sollte sich vernachlässigt fühlen. Die Rundumbetreuung durch Ortsverbände wurde Dienstpflicht. Es wurde sogar per Sticker an Laternenmasten nach schwulen Asylanten gesucht, um ihnen ein Zuhause zu geben, wohl davon ausgehend, dass einer der Fluchtgründe aus muslimisch regierten Ländern spezifische, sexuelle Neigungen sind.

Ich hatte Gelegenheit, mit einer Koryphäe des sunnitischen Islam in der Centrums Moschee zu sprechen. Ihr Deutsch war film- und fernsehreif.

Was sie sagte, war nicht unbedingt beruhigend. Das war auch nicht von mir erwartet worden, hätte aber gut getan.

Sie konnte nicht plausibel erklären, warum sich nicht alle Türkinnen von den strengen Kleidungsvorschriften angesprochen fühlen, so dass wir Deutschen als mehrheitliche Nichtmuslime sehr irritiert sind, wie ein Gläubiger oder eine Gläubige erkannt werden kann, damit ihnen

der gebührende Respekt entgegen-
gebracht wird.

Ich stellte noch ein paar Zu-
satzfragen, worauf ich mich
rechtfertigen sollte, woher ich
das alles wisse.

„Mein Schwager ist Muslim, allerdings Alawit."

„Aha!"

Wusste sie, dass er nicht marok-
kanischer, sondern syrischer
Alawit ist - oder war „Alawit"
ganz allgemein ein Reizwort?

Ich wurde gebeten, doch nach der
offiziellen Führung durch die
Moschee und Einweisung in die
Grundregeln des Islam zu ihr zu
kommen, damit wir uns weiter

unterhalten könnten. Es klang wie „Um Gottes oder auch Allahs Willen keine weiteren Fragen mehr in Gegenwart etwas weniger Informierter!"

Das nächste Mal. Dann hätte ich noch eine Frage zu den Teppichen.

„Gibt es keine Kelims in türkischen Moscheen?

Die Stimmung im Revier wurde von Tag zu Tag besser. Die Selbsthilfe vor Ort war nicht unbeträchtlich. Was fehlte war eine effektive PR.

Wer könnte noch helfen außer „Hanse Art", ein seit Jahrzehnten gut platziertes Printmedium mit Beiträgen renommierter Journalisten? WS fiel die monatliche Hochglanzzeitschrift von einem gewissen E.T. ein. Mit ihm sollte ich mal sprechen.

Ich wollte mir erst mal das Magazin ansehen. Nicht, dass ich für irgendwas eingespannt würde, was nicht meinen ethischen Prinzipien entspricht!

Das Magazin war sehr gut. Die Artikel waren fundiert, es hatte einen bemerkenswerten Kunstteil, der Druck war hervorragend. Was das Magazin nicht hatte, war Geld. Aber das war ich gewohnt. Ich arbeitete für St. Georg sowieso kostenlos, hatte mir aber vorgenommen, es einzustellen, wenn ich Anzeichen dafür entdecken sollte, dass ich ausgenutzt werde.

WS brachte mich nicht selber mit E.T. zusammen. Das wäre zuviel der Aufopferung gewesen. Ich musste mich selber darum bemühen, wenn ich wollte. Ich wollte - und wie!

SuKi, eine erstaunliche Querdenkerin und St. Georg Gewächs par excellence, half mir.

Ob sie den Fall Lavinia Schulz und Walter Holdt durch Erzählungen kannte? Ihre Großeltern mütterlicherseits betrieben auf St. Georg – kaum 500 Meter vom Ort des Geschehenes vom Besenbinderhof entfernt und gleich um die Ecke von der Kirchenallee – eine Papierwarenhandlung und Druckerei, sagte sie und zeigte mir das Haus, wo auch ihre Mutter noch aufgewachsen war, bevor es umständehalber in andere Hände kam.

Ein Verbrechen wie bei dem Paar Lavinia Schulz-Walter Holdt kam selbst in der Gegend nicht jeden Tag vor, sogar nicht in Künstlerkreisen. Lässt man das „Hamburger Fremdenblatt" und die Biographien über das Künstlerpaar auf sich wirken, entsteht der Eindruck, dass die Tat aus verschiedenen Gründen die Gemüter bewegte. Bei den meisten schwang Mitleid mit.

Wer sich damals am Besenbinderhof wiederfand, zählte zu den Siedlern auf einer der unteren Stufen des aus den Fugen geratenen Sozialgefüges.

Vor wenigen Jahren lernte ich eine alte Dame kennen, die – einst Hausmädchen in einer großen, beschlagnahmten Othmarschener Villa bei einem SS-Feldwebel, den sie wegen seiner menschlichen Haltung ihr gegenüber lobte – in SS-Kreise eingeheiratet hatte und sich zu ihrer Hochzeit in einer Sammelstelle für konfiszierte Kulturgüter und Hausgeräte – es gab nach ihrer Auskunft mehrere Riesenlager, wo alles eingeliefert und registriert wurde – ihre Aussteuer vom Feinsten zusammenstellen durfte, was sie bedenkenlos tat, obwohl sie, wie sie sagte, gewusst habe, dass es Hab und Gut von anderen war, die wahrscheinlich sogar umgebracht worden sind, sich es vielleicht um die gehandelt hat, die ihr als Hausmädchen – auch in einer Villa in Othmarschen – nicht genügend Lob gezollt hatten. Ob die Villa, in die dann der SS-Feldwebel eingezogen war, mit der des von ihr als arrogant beschriebenen Eigentümers und vormaligen Arbeitgebers identisch war, der sie entließ, sagte sie nicht explizit, ließ es aber durchblicken.

Sie habe sogar einmal eine Gefangenenkolonne gesehen. Die Menschen – ob es Juden waren, wusste sie nicht – sollten zu einem Transport in den Tod gebracht.

Woher wusste sie?

Es hätte ja auch sein können, dass die Gefangenen zu einer Außenstelle des Arbeitslagers Neuengamme – eines der größten Konzentrationslager des Reiches – gebracht wurden, was nicht immer, aber meistens den Tod bedeutete. Juden waren selten dabei, aber Sozialisten und Kommunisten, oft aus Russland und der Ukraine.

Oder war sie gerade selber rein zufällig in der Nähe des Hannoverschen Bahnhofs gewesen, wo die Transporte nach Auschwitz gingen und wo vorher noch die

letzten Habseligkeiten abgenom-
men wurden?

Ein anderes Mal habe sie gesehen, wie jemand gefoltert und
hingerichtet wurde. Sie schil-
derte die Hinrichtung in allen
Einzelheiten, weswegen ich der
Annahme war, dass sie – aus
welchen Gründen auch immer –
keinerlei Anstalten gemacht hatte, sich zu entfernen, so, wie
ein Fernseher nicht ausgeknipst
wird, weil es eh nur Zelluloid
und Theaterblut ist, was geboten
wird. Sie beschrieb mir die Gegend, wo sie das Erlebnis hatte.
Es hätte irgendwo gewesen sein
können.

Sie habe nicht gut schlafen können, nachdem sie die Hinrichtung gesehen hatte, sagte die
alte Dame, aber was hätte sie
denn machen sollen?

Ich meinte, im Kino zu sein. Wie
es einen so ankommt, wenn die
Vergangenheit, von der man gelesen hat, plötzlich in ungefähr
90 bis 100 Kilo Lebendgewicht
neben einem im Zweibettzimmer
eines Krankenhauses liegt.

Ich forderte die Patientin auf,
mehr zu erzählen. Ich fände es
wichtig, eine Zeitzeugin zu hören. Sie ließ sich nicht zweimal bitten.

Die Bewertung des beschlagnahmten Gutes oblag Sachverständigen von der Partei, belehrte sie mich. Sie selber zählte zu den Privilegierten und konnte sich auswählen, was sie wollte.

Am nächsten Tag holte der Sohn sie ab. Da hatte sie eine Nacht gut geschnarcht und beschlossen, das nächste Mal – sie ließ sich jährlich stationär untersuchen und gesundheitlich aufmöbeln – würde sie dann doch lieber wieder nach Eilbek in eine Schön - Klinik gehen.

Für WS war SuKi Luft, was ich für grundfalsch hielt. Sie war die engste Mitarbeiterin von GHr, der einst von der CDU zur Partei „Rechtsstaatliche Offensive" von Ronald Schill gewechselt war, wie zuvor HeGru, die persönliche Referentin der Kultursenatorin Dr. Dana Horaková, die nicht lange blieb, aber lange genug, um Pläne für Hamburgs Amüsiermeile, die Reeperbahn und auch St. Georg zu haben, was nicht leicht zu machen war. Sperenzchen auf dem Steindamm? Nein! Nicht mit den Hanseaten. WS hätte es toll gefunden, wie er auch Dr. Dana Horaková toll und alle anderen toll fand, die etwas für die neue IG Steindamm taten, um die Gegend vor dem Ruin durch einen beschädigten Ruf zu bewahren.

Die parteilose Dr. Dana Horaková setzte für St. Georg Zeichen: sie förderte die Gründung eines satirischen Kabaretts, das „Polittbüro" von Lisa Politt, das jeden Wechsel in der Kulturbehörde schadlos überstand.

Auch eine Art Polit(t)büro, aber auf den Brettern des Olymp der Deutschen Schauspielkunst und nur milde satirisch: der Erste Bürgermeister Ole von Beust im Deutschen Schauspielhaus.

Er hielt zur Eröffnung der jährlich zelebrierten „Woche der Brüderlichkeit" eine bemerkenswerte Rede, in der er sich zu seiner jüdischen Großmutter bekannte, was sich mit der Wahl des Ortes der Rede gut machte und eine Versinnbildlichung der großen monotheistischen Religionen auf St. Georg war.

Die Wirkung?

VuÖ, eine Zeitlang Hamburgs Vorzeigetürke und SPD Europaabgeordneter in Brüssel – brüskierte von Beust auf unsägliche Weise.

Der Erste Bürgermeister war in eines der Kommunikationszentren

Hamburgs, das „Haus Rissen", gekommen, um vor Hamburgs Gesellschaft, die durchaus auf Ent-
scheidungen Einfluss nehmen
kann, für einen Staatsvertrag
zwischen den muslimischen Gemeinden und Hamburg zu werben,
der, so war der Ansprache zu
entnehmen – wie auch immer – be-
schlossene Sache zu sein schien,
was nicht durchweg gebilligt
wurde.

VuÖ erlaubte sich, unter Getöse
zu spät zu erscheinen, um dann
von den hinteren Reihen aus laut
gegen den schwarz-grünen Senat
zu stänkern.

SuKi pries sich, zu allen Parteien im Bezirksamt Hamburg-Mitte, wie auch im Rathaus selber, gute Kontakte zu unterhalten. Das war glaubwürdig. Sie beschäftigte sich mit Kultur aller Art, seit sie an der Jacobs Universität in Bremen innerhalb eines Betriebswirtschaftsstudiums als Hauptfach Kulturmarketing belegt hatte. Hernach hatte sie sich als Unternehmerin versucht, um sich dann aber doch ganz der Politik zu verschreiben.

Ihre Parteikarriere nimmt sich nach nur relativ kurzer Zugehörigkeit ermutigend aus: Sie kam als „Nachrückerin" für einen anderen Abgeordneten in die Bürgerschaft und wurde aus dem Stand kulturpolitische Sprecherin der SPD Fraktion. Nach ihrer erfolglosen Bewerbung um ein Mandat bei der nächsten Wahl, hielt sie als SPD Vertreterin in der Kulturdeputation Einzug und ist im Kuratorium einer der größten (Kultur) Stiftungen der Hansestadt.

Von SuKi also bekam ich eine Personenbeschreibung von E.T., um ihn beim Neujahrsempfang des SPD Ortsverbandes an St. Georgs Kirchenallee zu erkennen und ansprechen zu können. Offenbar war es ihr nicht gelungen, mich ihm ausreichend zu beschreiben.

Ich hielt Ausschau und zuckte ratlos mit der Schulter. Sie gab einen weiteren, aber vagen Hinweis. Ich hielt Ausschau und zuckte ratlos mit der anderen Schulter. Mir war, als würde ich einen neuen Stern am stark umwölkten Himmelszelt erklärt werden.

„Siehst Du ihn?"

„*Wo?*"

Ich sah keinen Stern.

„Der da!"

Ich sah keinen „der da", dafür Fundis und Realos der SPD.

Gerade wollte ich gehen, als mir ein ganz in Schwarz gekleideter Herr mit einem großen schwarzen Hut in einem Pulk von Sekt- und Weintrinkern auffiel…

„Sind Sie…?"

Es fiel mir schwer, E.T. zu fragen, ob er E.T. ist.

„*Sie wollen also…*"

Alles kurz und knackig, mehr geknarzt als gesprochen,

ironisch, aber nicht unbedingt abwertend.

„Wir können im ‚Reichshof‘ einen Espresso trinken.“

„*Den müssen Sie bezahlen. Ich habe kein Geld.*“

Ein Espresso ist ja nicht unbedingt die Welt und wenn es nicht mehr wird…

E.T. war gelernter Drucker und hatte in London Kunst studiert. Als Marketing- und PR Crack war er an der Côte d'Azur herumgekommen. Nachdem er für einen weltweit operierenden Konzern mit Mutter in Hamburg als Art Director gearbeitet hatte, war

er Angestellter in einer internationalen Agentur in St. Georg
gewesen. Anschließend hatte er
sich selbstständig gemacht. Er
war Bücherwurm und hatte – wohl
daraus resultierend - ein eigenes Antiquariat betrieben.

Aus dem Espresso war ein Cappuccino geworden. Auch den be-
zahlte ich.

Anders als WS, der ein Palästinenserproblem gar nicht zu kennen schien, bezog E.T. kaum, dass wir ein paar Sätze gewechselt hatten, ungefragt Stellung. Er war eindeutig auf Seiten der Palästinenser.

Ich fand es – diplomatisch ausgedrückt – merkwürdig, ungeachtet des Gewuhles an Ethnien auf St. Georg, immer wieder mit der Problemkonstellation um Palästinenser – ihrerseits Semiten und wissentlich oder unwissentlich oft geschmäht – konfrontiert zu werden, so dass ich den Eindruck gewann, das Thema habe in bestimmten Kreisen etwas von Obsession.

Welche Palästinenser waren denn überhaupt gemeint?

Ich wusste im Zusammenhang mit St. Georg in erster Linie von Palästinensern, die an der Technischen Hochschule in Harburg studiert und ihre geistige Heimat in der Al-Kuds Moschee an St. Georgs Steindamm hatten.

„Die Palästinenser, die hier leben", antwortete E.T. auf meine Nachfrage hin.

Meine Meinung war und ist klar umrissen: Gespräche und Kontakte ja, aber keine Hasstiraden oder gar Terror.

„Du hast Recht", sagte E.T. lapidar, als wenn ich kritisiert hätte, dass Tomaten im Winter zu teuer sind, um in Salat verarbeitet zu werden und fügte noch ein „aber" hinzu, was mich auf Zinne brachte.

„Was aber?"

Er war alt genug, auch die dazu gehörige Reife zu zeigen und unter Beweis zu stellen, dass er aus den Fehlern seiner Altvorderen, die er mit ätzender Kritik bedachte, gelernt hatte.

E.T. und ich waren uns trotz divergierender Ansichten in der Kommunizierung problematischer Themen einig, dass der Orient insgesamt eine bessere Darstellung verdiene, was nicht mit schön dekorierten Gemüse-, Obst- und Blumenständen allein zu machen wäre. Seine Idee war ein Orientzentrum auf St. Georg.

„Ich wüsste nicht wo."

„*Das geht.*"

„Soll aus dem Steindamm ein überdachter Bazar gemacht werden?"

Ich gab zu bedenken, dass Orient nicht Orient sei, sondern der Orient in sich ein filigranes

Geflecht aus muslimischen und anderen religiösen wie kulturellen Strömungen. Gerade erst war die Centrums Moschee mit einer Initiative vorgeprescht, um auf sich aufmerksam zu machen, die nicht überall goutiert wurde.

WS hatte spät von den bereits fertigen Plänen erfahren, die Minarette der Moschee bemalen zu lassen und mich gefragt, ob mir Argumente einfielen, die Moscheeleitung doch noch davon abbringen zu können.

Ich meinte, die Moschee würde keine weitere Aufmerksamkeit brauchen. Sie sei hinreichend bekannt.

WS wiegelte ab und hoffte, die Bemalung könne sich auf die als „weiße Industrie" gepriesene Touristik gut auswirken, die rauf und runter als Allheilmittel für defizitäre Strukturen herhalten musste und deshalb eine Folge zeitigte, die sich gewinnträchtig anhörte: Hamburg Marketing, eine stadteigene Gesellschaft, unter deren Dach sich einiges an Public Relation und Buchungs- wie Vermittlungstätigkeiten im Unterhaltungs- und Hotelgeschäft vereinte, die gebührenpflichtig waren, wurde aus der Taufe gehoben.

WS wollte von der städtischen Task Force für PR und Marketing profitieren und baute einen Kontakt zu der Frau Gemahlin des damaligen Geschäftsführers der Hamburg Marketing GmbH, einer Gastronomin, auf. In ihrer Eigenschaft als Vorsitzende der „Dehoga" hätte das nach seiner Ansicht Erfolg für seine Projekte zeitigen müssen, was es aber nicht zufriedenstellend tat. Mein Interview mit ihrem Mann, dem Geschäftsführer der Hamburg Marketing GmbH, das von WS mit kritischen Warnungen begleitet wurde, aber sich als informatives Gespräch über arabische Patienten in Hamburgs

Kliniken darstellte, ebenso wenig. Herr DZw, mein - dem DGB am Besenbinderhof nahe stehender - Chefredakteur und Herausgeber von „Hanse Art" sah keine Möglichkeit mehr, den Beitrag zu drucken. „Hanse Art" wurde von heute auf morgen eingestellt. Er wolle sich auf anderes konzentrieren, hieß es seitens Herrn DZws. Dabei schöpfte er aus seinem umfangreichen Adressbuch. Zu seinen Favoriten gehörte „Nordevent", eine der Hauptmieterinnen von Union Invest an der Caffamacherreihe.

Die Interviews mit dem Kranführer auf der Baustelle - es war seinerzeit der höchste Kran in Hamburg auf dem ehemaligen Unilever Haus, dem ersten Hochhaus in Hamburg nach dem Krieg – mussten nicht durch eine Agentur organisiert werden. Die Journalisten drängelten sich darum. Sie sollten es bekommen, wenn sie zu ihm in die luftigen Höhen hinaufsteigen würden, ließ der Kranführer ausrichten, als ob es sich um die Generalprobe einer Neuinszenierung von Puccinis „Turandot" handeln würde.

Die Kernfrage war: „Was machen Sie da oben, wenn Sie mal müssen?"

Die Antwort hätte der Pressesprecher einer Airline in bester

Schottenwitzmanier geben können: *„Ich bleibe oben.“*

Für diese Offenbarung war einer
der schreibenden Zunft zum Kranführer hinaufgeklettert, um sie
dann an seine Kollegen weiterzugeben, wie man in der Hansestadt Dynastisches in gekonnter
John Maynard Manier weiterzugeben pflegt: „Mutter, s'ist
Kalaf…“ und anschließend eine
Lage Lütt un Lütt spendiert.

Die touristische Vermarktung von St. Georg als „Sleeping Beauty" – in Anlehnung an einen gerne gebrauchten Vergleich von SPD Alt Bürgermeister Voscherau, der seine Hansestadt aus dem Dornröschenschlaf selber wachküssen oder wachgeküsst sehen wollte – ließ sich zäh an.

Auch WS' antizipierter, neuer Aspekt der Wahrnehmung vom Islam ging für eine breitere Öffentlichkeit verschütt, was einerseits schade, aber andererseits gut war. Die Zeit war noch nicht reif dafür.

Ich persönlich fand die Bemalung der Minarette heikel. Nicht nur, dass ich wiederum meinte bedenken geben zu müssen, das labile Gleichgewicht zwischen den einzelnen religiösen Gruppen wäre durch diese Extravaganz gefährdet. Ich hätte mir im Sinne des Koran etwas Blumigeres gewünscht, eine seelische und geistige Oase.

Die von einem Deutschen mit muslimischem Namen ausgeführte Bemalung als repräsentative Kunst für ein islamisches Gebäude von Bedeutung wie die Centrums Moschee hielt ich für befremdlich. Verständnis für den Islam müsste auf andere Weise generiert werden können. Gerade jetzt, wo der terminus technicus von unser

Sozialsystem gefährdenden Parallelgesellschaften die (Talkshow) Runde machte und behandelt wurde wie ein Pudding, den man nicht an die Wand nageln kann, was für Debattierclubs weiterhin ein dankbares Thema bedeutet, wenn nicht andere dankbare Themen für einen Wechsel sorgen.

Nächst zu der Aufregung um die Bemalung der Minarette war das sehr aggressiv betriebene Bemühen um die Baugenehmigung für ein Seniorenheim Stein des Anstoßes. Bedürftige türkische Alte, von denen kaum zu erwarten war, dass sie den unruhigen Puls des Viertels gesunden würden, sollten dort, im ständig wachsenden Areal der Centrums Moschee, ihren Lebensabend verbringen dürfen.

WS war außer sich. Mir selber fiel nichts ein, wie dagegen argumentiert werden könnte, außer es lägen (bau)-rechtliche Bedenken vor.

Alles wäre geprüft, hieß es.

Die Baugenehmigung wurde dennoch hinausgezögert und schließlich doch erteilt. Abgehakt und vergessen. Der nächste Aufreger würde bestimmt kommen, sonst wäre das Quartiersmanagement ja überflüssig geworden.

Die Minarette sind nicht weithin sichtbar. Sie sind noch nicht einmal in ganz St. Georg zu sehen, weil auch dort – nicht nur von deutschen Unternehmern, sondern auch von türkischen und anderen – zunehmend auf sehr engem Raum in die Höhe gebaut wird.

Die PR Abteilung der Centrums Moschee verfiel auf Abhilfe für die versteckte Lage ihrer schmucken Minarette: den Ruf eines Muezzins würde man hören. Er wird in aller Herrgottsfrühe zum ersten Mal ausgesandt, wenn die Luft besonders gut trägt und noch nicht verquirlt ist mit der Kakophonie des hektischen Metropolenalltags.

Ich kannte mittlerweile die Medizin dafür und dagegen. Die Moschee fordert, der Bezirk wird vorstellig, wenn nicht schon WS vorstellig geworden war, vielleicht sogar beide - doppelt gemoppelt hält manchmal wirklich besser - es gibt erst Proteste im Stadtteil, dann in der ganzen Stadt, der Vorstand der Moschee beschwichtigt mit dem Hinweis, dass noch gar nichts entschieden ist und im Nullkommanichts wird eine vollendete Tatsache geschaffen.

Wie sollte es mit der Moschee als Vordenkerin der sunnitischen Muslime in Hamburg und Umgebung weitergehen?

Kaum hatten Nichtmuslime angefangen, laut Überlegungen anzustellen, was die Bemalung der Minarette darstellen sollte, wurde die erstaunte Öffentlichkeit seitens der Moschee über die Koran getreue Symbolik der Bemalung aufgeklärt, die den

Witz von grün-weißen Fußbällen in Bleiverglasung als Kirchenfenster hatte.

Die Bemalung der Minarette stelle Honigwaben dar, hieß es, so süß, dass ihnen keiner widerstehen könne.

Actio und Reactio:

Als der SPD- Grüne Senat unter seinem Präses Ortwin Runde, dem Nachfolger von Dr. Henning Voscherau, die Macht an die CDU unter Ole von Beust abgeben musste, lagen schon mehrere Anträge der muslimischen Gemeinden für einen Staatsvertrag vor, die sie mit den christlichen und jüdischen Gemeinden gleichstellen sollten. Eine Ratifizierung

Stand noch aus. Sowohl die Ersten Bürgermeister Voscherau als auch Runde hatten damit gezögert.

Lanciert oder nicht - die Entscheidung darüber wurde genau zu der Zeit spruchreif, als der CDU Senat unter von Beust kaum zwei Jahre im Amt war.

Ich hatte starke Bedenken, Muslime mit unseren christlichen Kirchen gleichzusetzen. Seitens des von Beust Senats wurde die Initiative damit begründet, dass es dann eine gemeinsame Basis gäbe: Gleiche Rechte - gleiche Pflichten, sonst…

Bisher hatte ich gedacht, die gemeinsame Basis für alle hier lebenden Bürger - gleichgültig welchen Geschlechts, welcher Herkunft und welcher Religionszugehörigkeit - wäre in erster Linie unser Grundgesetz, über das Asylanten, deren Einbürgerung bewilligt werden soll, vorher befragt werden, abgesehen von allen anderen Gesetzbüchern inklusive dem Bürgerlichen und dem des Strafrechts.

Tatsächlich wurde der Staatsvertrag mit etwas Verspätung unterschrieben und mit einer Klausel der Kündbarkeit versehen, wenn die Umstände sich so entwickeln sollten, dass der Grund für den Vertrauensvorschuss, der durch den mit nicht unerheblichen finanziellen Zuwendungen gekoppelten Staatsvertrag dargestellt wird, entfällt.

Der Staatsvertrag wurde unter dem rot-grünen Scholz Senat 2 verlängert, bald darauf jedoch aus gegebenem Anlass gedroht, ihn zu kündigen. Die wievielte Drohung es war – keine Ahnung. Offenbar ist die maximale Anzahl noch nicht erreicht, um Konsequenzen zu zeitigen.

Die laute Beschallung durch den Ruf eines Muezzins ist allerdings noch immer nicht genehmigt worden.

E.T. und ich hatten unsere eigenen, besonderen Kommunikationsmodalitäten. Die Arbeitsbedingungen für meinen Teil hatten wir durch. Der Schreibtisch für seine war ziemlich bossig, die Ordnung darauf verblüffend vorbildlich.

Das Bild an der Wand – ein bißchen Dix, ein wenig Dali und Picassos „Guernica" ohne Anklage, stattdessen mit verherrlichendem Eichenlaub – Selbsterkenntnis ohne Weg zur Besserung?

„Blanke Verhohnepiepelung."

Später:

„*Fällt Dir ein Slogan zu ‚Carroux' ein?*"

Er hatte einen Art Design Auftrag der gleichnamigen Kaffeefirma.

Ich spielte Möglichkeiten durch und landete bei „Carré".

Der Boss war zutiefst unzufrieden und schrie es unbeherrscht heraus.

Also doch besser keinen Austausch von coffeinhaltigen Marketinginstrumenten.

Ich war danach geneigt, den ganzen Themenkomplex „Konzerne und Manager" als „Groß St. Georg" zu bezeichnen, hatte aber darüber noch nicht mit E.T. gesprochen und er nicht mit WS, wie auch ich noch nicht mit WS darüber gesprochen hatte. Das hätte nachteilig sein können, war aber unter den gegebenen Umständen so wichtig, wie ein Audiosprachkurs auf CD für Einwanderer mit Knotenschrift.

E.T., WS und ich waren kein räteromanisches, sondern eher ein neuplatonisches oder auch eriwanisches Beziehungsdreieck, das sich schnell als spannungsreich erwies und mir von beiden Seiten die Entscheidung aufzuzwingen versuchte, mich für einen von ihnen zu bekennen, was ich vermied. Eriwan hat ein Radio, Athen aber die Antennen. Ich musste beide Seiten hören.

Irgendwann kamen WS und E.T. dann doch über die kommerzielle Schaltung einer Anzeige von WS im „St. Georg Magazin" zusammen, natürlich als ich nicht dabei war. Ich bekam die Ausgabe – wirklich rein zufällig - in die Hand, die es nach WS eigentlich hätte gar nicht geben dürfen, da er das „St. Georg Magazin" mir gegenüber bereits als nicht mehr existent gemeldet hatte. Da hatten WS und ich uns bereits auf Kilometern von Behördenfluren durch einen Dschungel aus gutem Willen und mangelnden Befugnissen die Hacken krumm gelaufen, die original japanische Kirschblütenprinzessin nach St. Georg zu bekommen und Osaka mit einem fantasievollen Programm zum Jubiläum der Partnerstadt Hamburgs zu beglücken, während E.T. wohl auf dem Steindamm in Sachen Varieté tätig geworden war.

In einem Video Clip, aufgenommen in einem Steindammbistro mit Tischen aus rohem Holz und statisch zuverlässig auf vier Beinen stehenden Stühlen, spricht er – rein inhaltlich - als ob er WS wäre, nur dass WS weder rein inhaltlich noch sonst auch nur entfernt E.T. gleicht, wie ich mich bei einem kürzlich geführten Telefonat mit WS erneut vergewissern konnte.

E.T.s Ausstrahlung war enorm.

Ich wurde von BKM, einer Hamburger Künstlerin und ehemaligen Professorin an der Hochschule für Bildende Kunst auf einen Artikel von mir im „St. Georg Magazin" angesprochen.

Sie hatte die Ausgabe - rein zufällig - in einem öffentlichen Verkehrsmittel in die Hand bekommen und durchgeblättert, was bei der kleinen Auflage, in der die Zeitschrift erschien, ein Zusammentreffen von glücklichen Umständen war, die bei normal Sterblichen, zu denen echte Künstler nicht zählen, bestenfalls ein- bis zweimal im Leben auftaucht.

BKM hatte sich die Seite mit meiner Glosse über Alsterspaziergänger herausgerissen. Sie meinte, ihre Kunst und meine Art zu schreiben würden gut zueinander passen.

Wohl - beinahe - wahr!

Ihr „Hamburger Straßentagebuch" - und nicht nur das - ist eine Aquamulticolor Panasonic Show und bestens geeignet - wie ein neuer Horst Janssen, dem vor vielen Jahren eine große Ausstellung im Museum für Kunst und Gewerbe gewidmet wurde - Charaktere und Treibholz nebeneinander zu vereinen.

Ich kaufte mir damals im Museum ein Leporello farbiger Zeichnungen. Es war eine heitere Persiflage auf Chinoiserien, die er handschriftlich mit satirischen Anmerkungen betextet hatte.

Das Janssen Museum kam dann nach Emden, wo auch die Sammlung Henri Nannen vereint ist. Henri Nannen, der ehemalige „Stern" Chefredakteur erlitt seine größte journalistische Niederlage, als er nicht erkannte, dass die Hitlertagebücher gefälscht waren. Inzwischen ist Fälschen zum Kunstzweig erhoben. Ehemals verurteilte, heute frei schaffende Fälscher bieten ihre Werke in Ausstellungen an.

Willkommen in ihrem Atelier in der Speicherstadt!

„Hamburger Straßentagebuch?"

Es kommt sehr gut an, kann relativ schnell erstellt werden und bringt gutes Geld, könnte mit einer Story statt eigener Kommentare auf den Bildern in Künstlerhandschrift vielleicht noch mehr bringen, wenn der Katalog ein künstlerisch bebildertes Märchenbuch oder beschriftete Fabelkunst zwischen zwei Buchdeckeln wird.

Ich überlegte.

Die Nachbarn von BKM: Speicher und Teppiche in Hülle und Fülle. Türken bleiben Türken, Iraner

Iraner, nur Assad, einer der ganz großen Händler, hat alle unter Vertrag: Iran, Indien, Pakistan, Afghanistan und China.

Ein freundlicher Familienangehöriger – in diesen Dynastien gibt es kaum Fremdangestellte – ließ mich in Ruhe stöbern, beantwortete meine Fragen und öffnete für mich sogar ungefragt seine Buchhaltung in einem unansehnlichen Schrank, der bis zum Überquellen voll gestopft war mit Auftragsjournalen, Mustern, Notizbüchern und anderem. Er lachte jungenhaft, was jeglichen Anschein von Schuldbewusstsein über die Unordnung in den Bereich eines orientalisch anmutenden Laissez-faire verwies, das es de facto nicht gibt, besonders nicht bei Bazaris, aber zur Profilschärfung des Orients in unseren Regionen gehört, weil wir Nordlichter es so mögen.

Er beteuerte das eine und andere, unterbrach jedoch plötzlich seine Beteuerungen.

„Möchten Sie etwas zu trinken?"

„Nein danke. Aber - wie kommen Sie hier bei Sturmflut mit der ganzen Ware raus?"

„Wirklich keinen Mokka?"

Ich fragte meinen Mann, aber auch er wollte eher nicht.

„Ist das dahinten ein Fluttor?"

„*Vielleicht ein Wasser?*"

„Nein danke."

Mein Mann?

Ich kenne ihn schon etwas länger. Wenn, dann hätte er bei Mokka „Ja" gesagt.

Pause

Ich zeigte auf eine Eisentür, der allerdings einige Eigenschaften fehlten, um schnell und unkompliziert geschlossen zu werden.

„*Es ist noch nie etwas passiert.*"

Das klang nach Orient. Immer hart an der Realität und doch

voll vorbei. Darauf hatte Goethe seinen Diwan getextet, aber nicht verwettet, wie so ein sächsischer Diwan ist, wenn er nicht Penelope heißt.

Einen Musterwebstuhl darf ich im Assad Teppichspeicher auch noch fotografieren.

„Herzlichen Dank. Sagen Sie - gibt es hier in der Nähe ein Bistro?"

Es war Mittag. Die Frage nach einer Futterkrippe war berechtigt und keine Beleidigung, nachdem das freundliche Getränkeangebot im Assad Speicher abgelehnt worden war.

Der Hamburger Bazari verwies sehr vage auf eine Lokalität, woraus ich schloss, dass sie mit großer Wahrscheinlichkeit nicht vom Teppichlager Assad betrieben wird, sondern eher von der Konkurrenz. Das wären eigentlich die Türken, wenn nicht gar die Usbeken, die gleich um die Ecke auf der anderen Seite des Speichers einen eigenen Speicher haben, der vergleichbar ist mit der Mineralienschau in List auf

Sylt – hintere Abteilung mit Funden aus Zentralasien, dem Iran, Mittel- und Südamerika, wie auch Paris, vertreten durch Entchen und Frösche aus auf Jade getrimmtem Speckstein.

Wer da nicht ins Fantastieren kommt, ist selber schuld. Zur Nachhilfe gibt es noch andere Mineralien – Riesendrusen – am Rödingsmarkt: einmal über die St. Annen Brücke, dort wo früher das Hauptzollamt war, stadteinwärts. Hätte man die Amethystquarze einfach wachsen lassen, würden sie heute Hamburgs Luxushöhle sein. Dann könnte die „Villa Stuck" in München mit

ihren Botticellistisch, venus-
muscheligen Gesellschaftshöhlen
à la Hofmaler Kaulbach glatt
einpacken. Der Kuratorin wäre
das nicht angenehm, sie würde es
aber zugelassen, ohne selber tätig zu werden. Sie kümmerte sich
sowieso lieber um zeitgemäße
Ausstellungen, als um die Vermarktung der von Stuckschen Re-
präsentationsräume.

WS wollte die Riesendrusen gerne
auf eigene Faust nach St. Georg
holen, hatte aber keine geeig-
nete Unterkunft zu bieten. So
blieben sie am Rödingsmarkt und
haben Gesellschaft von Riesen-
sandrosen bekommen.

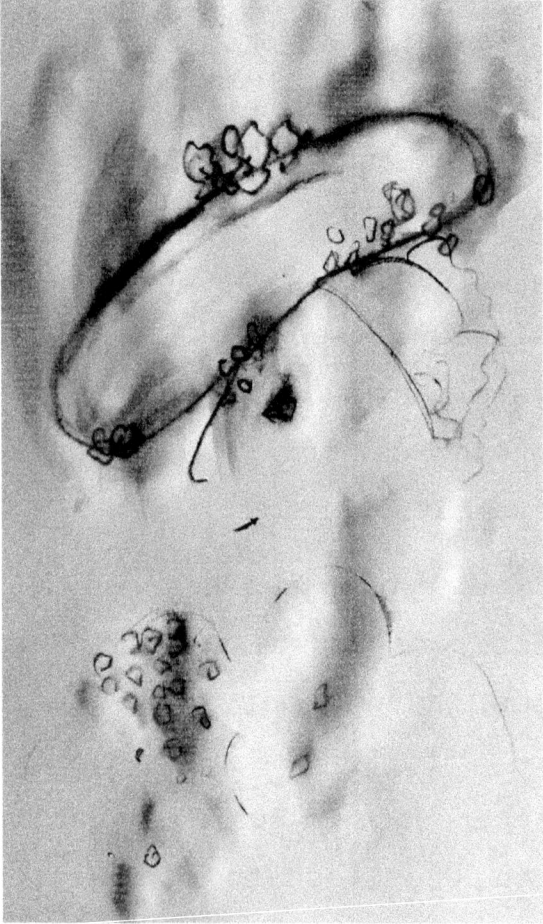

Unter dem Atelier von BKM: das Atelier eines alten Kunstprofessors. Er hatte an der Hochschule für Bildende Kunst in Hamburg unterrichtet, auch als „Lerchenfeld" mit „LiLaLe"-Künstlerfesten, wie dereinst im Curio - Haus bekannt, bis die Künstler immer mehr von Fremdkünstlern unterwandert wurden und das Fest als „LiLaBe" nach Bergedorf ausgelagert wurde.

Die Frau des alten Kunstprofessors sei gestorben, er könne keine Bilder mehr verkaufen, erzählte BKM, woraus ich schloss, das es bisher seine Frau war, die sich um die Vermarktung der Bilder gekümmert hatte und er nicht rechtzeitig in die Kontakte und Modalitäten von Kunstwerkverkäufen wie Rechnungslegung eingeweiht worden war.

Sie ginge manchmal auf einen Kaffee zu dem alten Mann, sagte BKM. Wir könnten ihn mal zusammen besuchen. Ich signalisierte Bereitschaft. Es ergab sich aber kein passender Termin, was ich nicht wirklich bedauerte. Ich hatte Zweifel, dass die Begegnung animierend sein würde, zumal ich nicht vorhatte, ein Bild zu erwerben. BKMs Schilderung lief nach meinem Dafürhalten auf diese Erwartung hinaus.

Der alte Mann hause in dem Atelier beinahe völlig eingemauert in seine Kunstwerke und wolle dort auch sterben. Bis dahin läge er auf dem Bett und schaue seine Bilder an, sagte sie.

Wer der Kunstprofessor war und was für Bilder er angesammelt hatte, gab sie nicht preis, nur dass sie gut seien. Wer seine Frau war, ob einer oder beide aus Hamburg stammten und den alt eingesessenen Galerien oder Vereinigungen wie den Griffelkünstlern bekannt waren - BKM fand derlei - für ein Verkaufsgespräch - hilfreiche Informationen keinerlei Erwähnung wert.

Ich meinte, die Wahrscheinlichkeit wäre groß, dass es sich bei
dem Kunstprofessor und seiner
Frau nicht um unbekannte Größen
handelte, sie unter Umständen
noch woanders eine andere Wohnung oder gar ein Haus unter-
hielten und das Atelier ur-
sprünglich als Ausstellungsraum
und Studio diente.

Die städtebauliche Rarität des
Ateliers mit Blick auf Kanäle
und die Speicherstadt war mit
Sicherheit nicht an jemanden ohne Renommé und opportunes Netz-
werk vergeben worden, wie auch
BKM keine x-beliebige Künstlerin
ist. Sie hat ebenfalls noch eine
andere Wohnung und stellt in

ihrem Atelier gerne aus. Außerdem gibt es einmal im Jahr, in
der Regel im Sommer, einen Tag
des offenen Kunstspeichers.

BKM ist sehr gut in die Politik,
den Showbusiness und die Kunst-
szene hinein vernetzt und lehrte
auch an der Lichtwark Schule für
Kunst.

Lichtwark war in den letzten Jahren im Zusammenhang mit Hildebrand Gurlitt, Hitlers Top Kunsthändler, ins Schlaglicht gerückt worden, als dessen greiser Sohn das Zeitliche gesegnet hatte und in seinem Münchner Domizil – München war immer schon zusammen mit Berlin und Paris Gurlitts Tummelplatz gewesen – ein beinahe erschreckend großes Konvolut an Kunstwerken gefunden wurde, das er entweder nicht mehr oder noch nicht hatte verkaufen können oder wollen.

Es stand die Verjährungsfrage von Ansprüchen nachweislicher Erben der als gestohlen bzw.

enteignet festgestellten Bilder im Gerichtssaal, die diplomatisch gelöst wurde. Einerseits wurde der nunmehr verschiedene Gurlittsohn Cornelius freigesprochen, sich nach Kriegsende nicht vergewissert zu haben, dass und wie Bilder zurückgegeben werden könnten, andererseits wurde eine Kommission zu eben der Aufklärung eingesetzt – ob mit spät gefundenen Listen oder nicht, blieb offen und war wohl auch nicht wirklich relevant, da die Kommission aus dem Kunstsammler nahe stehenden Experten bestand und als befangen erklärt wurde, worauf sich eine neue konstituierte, die nach wie vor arbeitet.

Ein Abschlussbericht wurde vorgelegt, aber zurückgewiesen. Es musste darüber befunden werden, ob das kurz vor dem letzten Atemzug – allein oder in Gegenwart von einem oder mehreren anderen? Cornelius Gurlitt war schwer krank – verfasste Testament vollstreckt werden könnte. Damals ging durch die Presse, dass die Alleinerbin eine Kunstgalerie in der Schweiz – heute wird von einer Kunststiftung des Kunstmuseums Bern gesprochen – die Erbschaft zunächst nicht annahm und abwartete, um nicht mit möglichen Ansprüchen Dritter konfrontiert zu werden, wurde aber in nicht allzu langer

Zeit von der Ungewissheit er-
löst, als sie per Gerichts-
beschluss offiziell als Erbin
anerkannt wurde. Die Bilder sollen nunmehr - anders als bei
Cornelius Gurlitt, so war zwischen den Zeilen zu lesen - der
Öffentlichkeit zugänglich gemacht werden.

Die Kulturbehörde unter dem schwarz-grünen von Beust Senat hatte Künstlern den Kunstspeicher – einen Steinwurf entfernt vom Kaispeicher B, dem Maritimen Museum von Peter Tamm – gegen eine bescheidene Kaltmiete zur Verfügung gestellt, was Sinn machte. Der Speicher war Original ohne Heizung und sonstige Einrichtungen, die wir normalerweise als Errungenschaften unserer Zivilisation im Anfangsstadium annehmen dürfen. Für den Winter mussten sich die Künstler etwas anderes einfallen lassen.

Eine von mir angeregte Zusammenarbeit zwischen dem Maritimen Museum und BKM kam nicht zustande. Vielleicht war sie zu sehr Frauenrechtlerin, auch früher oft „Blaustrumpf" genannt, vielleicht aber auch eher eine nicht gelittene „rote Socke", was in Unkenntnis der roten Socken von Tauben in der Balzzeit zum Synonym von „Linksdrall" geworden ist – und „Linksdrall" ein Synonym für nicht gesellschaftskonform – wenn das Augenmerk mal von Rechts absieht, wo man auch schon mal eine Balzzeit der Tauben vermuten darf.

Es gab aber auch eine andere Förderung der Wahrnehmung. Irgendwo zwischen Balz rechts und Balz links. So wurde im Museum für Kunst und Gewerbe einige Zeit nach der Expressionismus Ausstellung mit den aufgearbeiteten Kostümpuppen eine Ausstellung zu Ehren von Anita Rey organisiert, die Bilder von ihr - teilweise aus dem Bestand des Museums, teilweise aus dem der Kunsthalle, der Sammlung der Haspa und Privateigentum - zeigte. Die Kunsthalle hat Künstlern der Hamburger Sezession erst nach ihrem Umbau vor ein paar Jahren eine Abteilung gewidmet.

Anita Rey, aus jüdischer Familie, war Mitglied der Hamburger Sezession, deren Werke, wie die aller Sezessionen, unter Hildebrand Gurlitts Zugriff stark schrumpften. Die Künstlerin selber stand unter der Protektion eines Hamburger Industriellen, der es ihr ermöglichte, auch noch ein paar Jahre nach der Machtergreifung durch die Nationalsozialisten auf Sylt weiterzuarbeiten, bis er ihr seine Gunst entzog und sie sich das noch junge Leben nahm.

Ich machte die CDU Bürgerschaftsabgeordnete und kulturpolitische Sprecherin Frau M-B
auf die Künstlerin BKM aufmerksam, die ihr daraufhin einen
Besuch im Kunstspeicher abstat-
tete, um mir anschließend mitzu-
teilen, dass sie mit ihr nichts
hatte anfangen können, was immer
auch darunter verstanden werden
kann, wenn die eine werdende
Kunsthistorikerin mit Schwer-
punkt Picasso ist und die andere
eher an den nach ihm benannten
Kreuzungen steht und das Leben
und Sterben ringsherum für das
tiefgründige „Hamburger Straßentagebuch" skizziert.

Ich fragte also ganz vorsichtig, woran es gehapert hätte, um vielleicht moderieren zu können.

Die Künstlerin spreche nicht, hieß es. Ich stellte mir die Situation vor und bekam ein lebhaftes Bild von zwei Norddeutschen, die vielleicht sogar zueinander kommen wollen, aber nicht können, weil das stille Wasser ihres Unvermögens, sich zu verbalisieren, viel zu tief ist, weswegen Frau M-B ja kulturpolitische Sprecherin der CDU Fraktion geworden war und bei der letzten Bürgerschaftswahl von einem relativ hoffnungsvollen Listenplatz aus Hundehalter ansprach. Sie betrat damit ein absolut neues, spannendes Terrain in der Vermarktung von Kunst und Kultur.

Sie, die das neue Wahlrecht mit der Möglichkeit der Stimmenverteilung auf mehrere Parteien - ohne Wenn und Aber - vertreten hatte, war dann selber kaltschnäuzig ins Aus panachiert worden.

Bei unserem letzten Telefonat sagte sie, nun nicht mehr kandidieren zu wollen, was weniger als halb stimmen dürfte, da sie in der Bezirksversammlung Hamburg-Mitte, zu der sowohl St. Georg als auch die Speicherstadt und die Hafencity gehören, in der Kulturdeputation und auch in

einer bedeutenden Kulturstif-
tung agiert. Daneben betreibt
sie eine eigene Kunst- und Kul-
turagentur. Das bleibt nicht aus
in Hamburg, wo es ein sogenann-
tes Feierabendparlament - das
dazu gehörige Unterhaus ist der
Ratskeller - gibt, dessen Ab-
geordnete über die Politik der
Hansestadt abstimmen - oder ab-
gestimmt haben. Sie gehen - so
weit wie möglich - ihrem außer-
parlamentarischen Beruf nach
oder anschließend an den Ausflug
in die weite Welt der Hamburger
Politik einem anderen, vielleicht auch zusätzlichen.

BKM und ich besprachen und konzipierten ein Projekt rund um den Hamburger „Dom" auf St. Pauli.

Ihr blau aquarellierter Bär – ich nannte ihn „Buffo" – besucht einen Jahrmarkt. Sein Domspaziergang ist in meiner Erzählung der Lebensweg eines Kindes.

Meine Geschichte gefiel. Kurz vor Schluss ließ mich die Künstlerin wissen, sie sei doch nicht mit der Erzählung einverstanden. Wir trafen uns noch einmal. Sie beschimpfte mich, weil ich für das Projekt noch keinen potenten Geldgeber gefunden hatte, der den Katalog drucken würde.

Ich argumentierte, sie hätte mich und nicht ich sie angesprochen. Die Organisation und das Beschaffen von Sponsorengeldern lägen also bei ihr.

Wir trennten uns höflich, aber im Bewusstsein, keine Übereinstimmung in unseren Auffassungen erreicht zu haben. Ihre Teilnahme als Illustratorin eines meiner Texte – in Abwandlung von der Version, etwas zu ihren Bildern zu schreiben - kam somit ebenfalls nicht zustande. Sie schickte mir aber nach einer Phase der emotionalen Beruhigung Einladungen zu Vernissagen und Finissagen. Wir tauschen immer noch Mails aus und sind uns insgesamt nicht mehr gram. Der Speicher ist nach wie vor nicht beheizt. Sie hat trotzdem eine Mieterhöhung bekommen und muss noch mehr kunstpädagogisch arbeiten als zuvor. Künstler bekommen immer noch kein Schlechtwettergeld. Nicht nur das unterscheidet sie von Bauarbeitern.

Ob sie – wie von mir empfohlen – mit E.T. Kontakt hatte, der auch Kunst in das „St. Georg Magazin" aufnahm, aber bei der Frage nach einem Honorar – und sei es in Form von Druckerzeugnissen gegen Bilder – bei ihm gescheitert ist – keine Ahnung.

Ob innerhalb des Programms der „Volksbühne", zu der BKM auch einen guten Draht hatte und wo sie von SuKis Arbeitgeber GHr angesprochen wurde, der mich an sie weiterleitete, ein Projekt mit oder ohne E.T. entstand, der nicht gerade unter einem Helfersyndrom litt, aber doch behilflich sein konnte - keine Ahnung.

Ob sich SuKi der Künstlerin angenommen hat - keine Ahnung.

Wie so oft wurde die Notwendigkeit, Unterstützung zu bekommen stärker kommuniziert, als Erfolge aus den Bemühungen.

Osaka wurde aus anderem Grund nichts, als das Projekt mit der Taschenphilharmonie in München. Zu letzterem fehlten Sponsorengelder, zu ersterem bei einigen die notwendige Einsicht. Mein Konzept musste aus politischen Erwägungen zurückgezogen werden, obwohl es gut in die Gesamtsituation gepasst hätte. Das Schleswig - Holstein Musik Festival hatte Japan als Gastland und konzertierte auch in Hamburg. Es galt, eine große Kulturnation und den jetzigen Bündnispartner zu feiern. Eine imposante Hamburger Delegation reiste nach Japan und bereitete der Partnerstadt ein Fest.

Mein Konzept fand Beachtung, wie ich der ausführlichen Beschreibung des Programms in Osaka und der Berichterstattung im „Hamburger Abendblatt" entnehmen konnte - allerdings ohne die von mir angedachten Teilnehmer.

WS und St. Georg sorgten dafür, dass ich vor Verwunderung nicht stehen blieb.

Osaka ist nicht ganz Japan, wohl aber die Kirschblütenprinzessin, für die WS und ich auch nach unserem langen Marsch durch die Instanzen immer neue Lockrufe und - düfte Richtung Kirschblütenfestverwaltung in Hamburg ausgesandt hatten, die aber nach wie vor nichts fruchteten.

WS dachte nach und fand einen anderen Weg. Er zog meinen Mann zu Rate und brachte uns dann mit Besonderheiten in Berührung, die wir so ohne weiteres nicht im Zusammenhang mit dem Kirschblütenfest gesehen hätten.

Wäre das Alte Land mit einbezogen gewesen, hätte es uns nicht gewundert. Wir sollten jedoch auf Wunsch von WS nach Winsen an der Luhe - ein Hauptverkehrsknotenpunkt vor den Toren Hamburgs - fahren.

Der genaue Grund für unseren Ausflug war etwas undurchsichtig. Wir tasteten uns mit einem japanischen Essen in einem japanischen Restaurant heran, das wir aus der Speicherstadt kannten, aber nunmehr in die Nähe der Stadthausbrücke umgezogen war.

Ein alter Bekannter von WS, der von ihm ehrfürchtig Yushi-San genannt wurde, vermittelte nicht nur Einladungen der japanischen Kirschblütenprinzessin nach St. Georg, sondern interessierte sich für Anlagen, die speziell für japanische Senioren eingerichtet werden könnten. Das Klima in Norddeutschland sei dem in Japan nicht unähnlich, war die Begründung.

Warum die Senioren aus dem Land der aufgehenden Sonne ihren Lebensabend ausgerechnet dort verbringen sollten, wo sie untergeht und sie doch auch Meißner Porzellan, Lübecker Marzipan, deutsches Bier und Bachs Fugen problemlos in Japan genießen können, blieb bei aller Würdigung von Winsen und der Luhe nicht ersichtlich, hätte vielleicht aber von Frau AnBlu erklärt werden können.

Ich hatte Frau AnBlu kennengelernt, als sie nach dem CDU Wahlsieg mit Ole von Beust an der Spitze für den damaligen Abgeordneten Gunnar Uldall, der zum Wirtschaftssenator der

Freien und Hansestadt berufen wurde, in den Bundestag einzog. Bis dahin war sie Finanzbeamtin und Kommunalpolitikerin mit Büro im sozialen Brennpunkt St. Georg gewesen. Auch im Bundestag behielt sie ihr Schwerpunktthema Soziales bei und machte sich erfolgreich für Barrierefreiheit stark. Der Anlass dafür war schon lange gegeben, aber bisher von den zuständigen Ministerien nicht energisch genug angegangen worden. Der Bedarf von Alt und Jung, barrierefrei leben zu können, ist immer noch riesig angesichts der zunehmenden Zahl von Behinderungen.

Um sich ein Bild von Barrierefreiheit in anderen Ländern zu machen, unternahm Frau AnBlu Studienreisen. Sie fragte mich, wie sie den gerne gemiedenen Begriff „Soziales" für die Wahrnehmung in der Gesamtbevölkerung attraktiver machen könnte. Ich meinte, es müsse etwas geben, was von allgemeinem Interesse ist und gleichzeitig nichts kostet, sondern Geld einbringt. Mit dem Topthema Barrierefreiheit hatte sie genau das Richtige gefunden.

Ich schlug ihr vor, nach Israel zu reisen, wo alles zu finden ist, was in der Beziehung wissenswert sein könnte. Sie machte sich jedoch auf den Weg nach Japan. Es war zwar weithin bekannt, dass dort die Menschen wegen ihrer Ernährung sehr viel älter werden als hierzulande, dass Japan aber auch vorbildlich bei der Umsetzung von Barrierefreiheit ist, war, abgesehen von architektonischen Besonderheiten in japanischen Teehäusern und der Kunst, Fächer zu nutzen, bisher nicht bekannt geworden.

Als die Kirschblütenprinzessin
dann tatsächlich eines Jahres
mit Hilfe von Yushi-San – ihre
Pflichten in Washington D.C.
hatte sie bereits absolviert –
nach St. Georg kam, um dort
einen Kirschbaum (Zierkirsche)
zu pflanzen, hatte sie noch
nicht hundert Jahre auf ihrem
Kimono. Das Feuerwerk wurde wie
immer von der japanischen Ge-
meinde in Hamburg spendiert und
war am besten vom Hotel „Atlan-
tic" am Rande von St. Georg aus
zu sehen.

Ob die Kirschblütenprinzessin –
allein oder mit ihrer Hamburger
Amtskollegin, die Japanologie
studiert haben muss und einen

Führerschein für das Ausfüllen des Amtes einer Kirschblüten- prinzessin abzuliefern hat, als müsste sie Klassenprima im High Society Internat Louisenlund werden - anschließend auch noch ein Seniorenheim einweihen konn- te - keine Ahnung. Ähnliche In- teressen können ein starkes Band sein, deshalb sei die Erwägung erlaubt, ob nicht nur die deut- sche, sondern auch die japani- sche Kirschblütenprinzessin au- ßer mit WS auch mit der Bun- destagsabgeordneten Frau AnBlu konferiert hat.

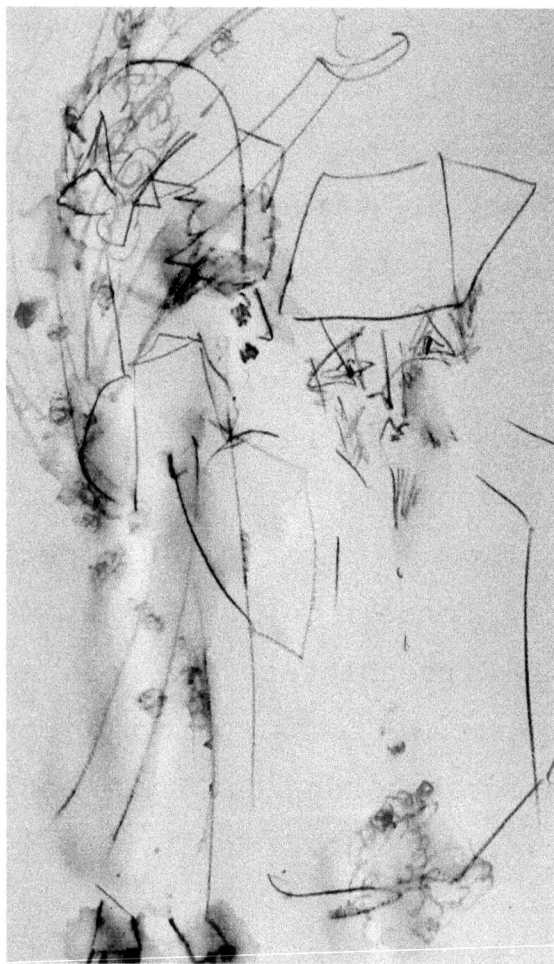

Ich hatte mit E.T., der nicht nur engen Kontakt zu Palästinensern pflegte, sondern auch – eher halb gezogen, denn halb hingesunken – zu Iranern, die seine Vermieter waren, eine Verabredung bei ihm zu Hause statt in einem Café. Anlässlich dieser Premiere bekam ich eine Kostprobe davon, was bei ihm „eher halb gezogen, denn halb hingesunken" bedeutet.

Er hatte einen iranische Professor zu Besuch. „Gast" wäre geprahlt gewesen. Eigentlich wünschte E.T., dass der Vertreter des iranischen Vermieters vom Erdboden verschluckt würde, was der zu verhindern wusste, indem er sich in voller Größe, die beachtlich war, an E.T.s Schreibtisch aufbaute und dort verharrte. Ich wollte die beiden mit ihrem Tuck alleine lassen.

„Du bleibst!", bestimmte E.T.. Ich blieb. Ich hatte das Gefühl, es wäre besser so und versuchte, ein Gespräch mit dem iranischen Besucher anzufangen, der mir als Prof…. vorgestellt wurde.

Er wäre Biologe und Pistazien- bauer, sagte E.T. und grinste.

Ein Pistazienbauer darf nicht unterbewertet werden. Rafsan- shani, seinerzeit sowohl dem Pfauenthron wie auch den Aya- tollahs nahe stehend, war einer. Pistazien sind insgesamt eine

Handels- und Maßeinheit, die nicht nur im iranischen Denken, sondern überall im Orient tief verwurzelt ist.

Warum der Professor nun nicht mehr als reinrassiger Biologe und Pistazienbauer sein Leben gestalten konnte, sondern nach Deutschland ausgewandert war, um als Kontaktmann für Iraner zu arbeiten, die in ihren Häusern am Leinpfad und rund um die Alster wohnten und einiges davon vermietet hatten, blieb mir unklar, zumal er weder ausreichend Deutsch noch Englisch sprach, was sich E.T. zunutze machte und rundheraus erklärte, er wisse nicht, was er bei ihm wolle.

Das war schwierig zu erklären –
und noch schwieriger zu verstehen, weswegen E.T. seinen Besucher einfach ignorierte und
sich mit mir an ihm vorbei zu
unterhalten und gleichzeitig
auch noch zu telefonieren versuchte.

Der Professor war höflich genug,
E.T. und mich irgendwann alleine
zu lassen.

Ich verabschiedete mich kurz
nach ihm und machte mich auf den
Nachhauseweg.

Es wurde still um das Orientzentrum. Ich hatte in Abstimmung mit WS die Serie von Artikeln über Hotels und die auf St. Georg ansässigen Konzerne angefangen. Mit dabei: Das „Arcotel Rubin", wo WS seinen „Jour Fixe" abhält und das Grand Hotel „Atlantik", wo er vor einigen Dekaden das Hotelfach erlernte und eine Vertrauensperson hatte, die sich allerdings seit wenigen Wochen auf Seelenwanderung befand – WS sprach von Verschiedenen als „vorübergehend gestorben" – und es zunächst danach aussah, dass es mit dem „Atlantik" Direktor nicht zu einem Interview kommen könnte. WS machte es dennoch auf schwierigen Umwegen möglich. Da hatte ich eigentlich schon keine Lust mehr auf das „Atlantik". Das Interview schien mit Unwägbarkeiten behaftet, die ich als „offene Wahrheiten" bezeichnen möchte.

Interessant schien mir, dass es ein Blumengeschäft von wenigen Quadratmetern an einer Ecke des Hotels war, deren Inhaberin einen größeren Umbau über viele Jahre zu verhindern wusste, wie der mir bekannte Makler, Herr KHR erzählte, weswegen ich es glaubte.

Die Floristin schien im Widerstand gegen einen der damaligen größten Global Player, einen gebürtigen Deutschen mit Firmensitz in London, zu sein, dem die Immobilie gehörte, in dem das Hotel betrieben wurde – ein Hobby, wie mir der damalige Hoteldirektor versicherte, was ich ihm nicht abnahm.

Oder doch?

Es gibt taffe Geschäftsleute, die sich selber nicht daran hindern, einer Friedensbewegung anzugehören und Kinder in Not zu retten, sogar da, wo es gar keine gibt oder Schlachter, die überzeugte Vegetarier sind.

Als ob ich es geahnt hätte, dass im Staate „Atlantik" etwas faul ist…

Sehr bald nach dem Interview wurde ich von Herrn OGn, Vorstand der Debeka, bei einem informellen Essen in Berlin damit konfrontiert, dass der Eigentümer des „Atlantik" tot aufgefunden worden sei.

„Wie hieß er noch?"

„ ‚B…'", sagte mein Mann.

„Nein, nicht ‚B'…, sondern ‚Bc'", sagte ich. „Ich habe gerade ein Interview mit dem Direktor des Hotels gemacht."

„*Ist Ihnen dabei etwas aufgefallen?*", fragte Herr OGn.

War das ein Verhör?

Ich antwortete, es sei mir im Gespräch aufgefallen, dass der Herr Hoteldirektor wohl stark unter Druck stand. Herr Bc sei eine schillernde Persönlichkeit gewesen.

„Er hat sich wohl im Milieu aufgehalten, wie ich gelesen habe".

Fragende Blicke.

Er habe sich länger nicht im „Atlantik" blicken lassen, um nach dem Rechten zu schauen, sagte ich weiter. Wer das Hotel kenne, wisse, dass dort ein erheblicher Investitionsstau entstanden wäre.

Herr Bc habe sich aber in letzter Zeit wieder häufiger blicken lassen, fuhr ich fort, was für mich ein Indikator gewesen wäre, dass eine Renovierung oder/und ein Verkauf der Immobilie zumindest in Betracht gezogen wurde. Ich hätte den Hoteldirektor dazu befragt. Er habe mir widersprochen.

Der Hoteldirektor wurde kurz nach unserem Interview entlassen. Da lebte Herr Bc noch.

Für mich blieb unerklärlich, was Herrn OGn von der „Debeka" bewogen hatte, wie aus heiterem Himmel nach dem Wohl und Wehe von Herrn Bc zu fragen.

E.T. hatte für das Projekt Orientzentrum fundierter gearbeitet, als ich es ihm nach den ersten Begeisterungsstürmen mit einem Wust an Ideen zugetraut hätte. Er hatte genau da angesetzt, wo man ansetzen muss, wenn eine Idee zu einer Tat reifen soll: Ein Bauplan muss her! Ein gedankliches Gerüst ist gut, aber nur dessen Visualisierung vermag Erfolg – wenn auch vielleicht erst in weiter Ferne - zu versprechen.

Eine Gruppe von Architekturstudentinnen – ob es purer Zufall war, dass sich nur Studentinnen dafür beworben hatten? - hatte

Modelle für ein Orientzentrum angefertigt.

Die Studentinnen waren ohne Ausnahme muslimisch und hatten einen Migrationshintergrund mit Wurzeln im Vorderen und Mittleren Orient. Für andere schien ein Orientzentrum auch nicht einmal im gedanklichen Ansatz existent und das, obwohl der Senat, die Hamburgische Bürgerschaft, der Bund und viele Institutionen Integration und Verständigung predigen und auch tatkräftig unterstützen.

Der Wettbewerb nahm sich wie ein Lackmustest aus, wo was wirklich gefragt und erwünscht ist.

Oder war es ein Lackmustest für den Lehrkörper, der hinter dem Projekt stand?

Die Examenssemester begründeten ihre Teilnahme, wie man begründet, warum man Gärtner und nicht Tankwart geworden ist. Die Wahl der architektonischen Form, die sie für ein Orientzentrum für wünschenswert hielten, wäre erklärbar gewesen mit einem Vergleich zwischen Familienkutsche und Sportwagen. Dazu wurden Kurzfilme gezeigt, die ihre Herkunftsländer mit den wichtigsten religiösen Bauwerken vorstellten. Ein Professor aus Berlin erläuterte die jeweiligen religions- und kulturhistorischen

Hintergründe mit Humor und Esprit, wie ich es noch nie im Zusammenhang mit Erklärungen zum Islam außer auf indischen Miniaturen aus der Moghulzeit wahrgenommen hatte.

Es zeigte sich, dass die Einleitung nötig war, um nicht Zweifel aufkommen zu lassen, ob die Präsentation mit dem Ziel, ein Orientzentrum in Hamburg zu verwirklichen, von den Studentinnen verfehlt worden war – oder sie die Anforderungen falsch vermittelt bekommen hatten. Die von ihnen angefertigten Modelle ließen den Verdacht zu. Alle zeigten geschlossene Ensembles wie Moscheen mit

Koranschulen. Manche waren kon-
servativ, andere à la Le Cor-
busier auf modern getrimmt, eine
Machart, die hier inzwischen
gerne aufgenommen wird, so dass
unsere Moderne auf Moschee getrimmt wirkt.

Die Präsentation war trotz
möglicher Bedenken anspruchs-
voll und wahrscheinlich wegen
komplett ausgesparter Eckdaten
nicht zu ermüdend. Sie hätte bei
denjenigen auf fruchtbaren Boden
fallen müssen, die genug Ener-
gie, Können und Fantasie hatten,
dem Projekt helfen zu können,
weiter betrieben zu werden. Wie
viele davon in dem gut gefüllten
Zuschauerraum waren, weiß ich

nicht, aber senats- und hoch-
schulseitig waren es einige,
Wirtschaft und Industrie fehlten
meines Erachtens – wenn ich
nicht in Betracht ziehe, dass
der iranische Professor gekommen
war, der in seiner Person nicht
nur Naturwissenschaft, sondern
auch mindestens einen Wirt-
schafts- und Industriezweig in
sich vereinigte, der für Hamburg
und seine Häfen wichtig ist.
Nach einer nicht gerade auf-
sehenerregend herzlichen Begrü-
ßung mit E.T. nahm er in der
Reihe der Ehrengäste Platz.

Welche Rolle er bei dem Wettbewerb spielte – keine Ahnung.
Sie dürfte aber nicht gering

gewesen sein, wie ich den Respektsäußerungen ihm gegenüber meinte entnehmen zu können.

WS war auch vorübergehend anwesend. Er saß neben mir, aber auch gleichzeitig neben sich. Ich sagte, wer der Professor ist. Es schien ihn nicht zu interessieren.

Er kannte sich aus am Leinpfad, wo der Auftraggeber des Professors seine Residenz hatte, und konnte von jeder Villa Eigentümer und Bewohner, sowie deren persönliche Eigenarten und Profession herunterbeten. Wahrscheinlich waren die Iraner nicht seine Kragenweite – oder umgekehrt.

Die Präsentation war Schluss-punkt hinter diesbezügliche Ge-spräche zwischen E.T. und mir. Ich war zwar eingeladen, weiter für sein „St. Georg Magazin" zu schreiben, fühlte mich aber an das von WS initiierte St. Georg Projekt gebunden, was mich nicht gehindert hätte, den bei der Präsentation gelegten Faden auf-zunehmen und ihn an anderer Stelle fortzuspinnen.

Es kam jedoch nicht einmal zu einer Auswertung der Präsenta-tion und den daraus abzulei-tenden Folgerungen. Wie mir schien, fehlte der ernsthafte Wille, sich dem Thema eines Orientzentrums in Hamburg zu nä-hern. Ob es schlussendlich

fehlende Boden- und Gesteins-
proben waren, die für die man-
gelnde Akzeptanz durch die Öffentlichkeit verantwortlich zu
machen gewesen wären, ist reine
Spekulation, wie auch, ob alle
teilnehmenden Kandidatinnen des
Jahrgangs das Examen bestanden
haben.

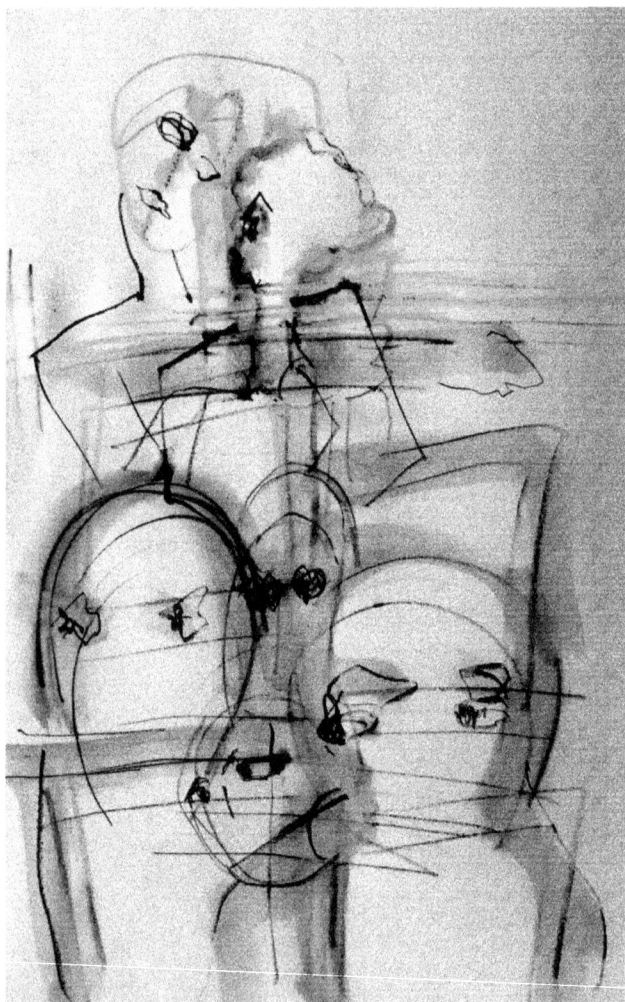

Wie zuvor bei der Präsentation für ein Orientzentrum waren es Studentinnen muslimischer Herkunft und mit Migrationshintergrund – eine davon aus der ehemaligen Sowjetunion –, die sich an ein Projekt wagten, um die Grundlage für weiterführende Gedanken in Richtung Verbesserung der Lebensqualität auf St. Georg zu legen.

WS hatte mich auf die Studie aufmerksam gemacht. Nach der Erfahrung mit der Präsentation der Architekturmodelle für ein Orientzentrum hatte ich überlegt, ob ich darüber schreiben sollte. Die Artikel sollten ansprechend sein und im Sinne einer Standortvermarktung erfolgreich wirken, was nichts anderes heißt, als dass Probleme möglichst ausgeklammert oder nur in rosa Watte verpackt angeboten werden.

Wenn schon ein Architekturwettbewerb nicht recht zu zünden vermocht hatte, wie dann eine akademische Studie voller Zahlen und hypothetischer Annahmen, die auf der Kunst basieren, Charts zu erstellen?

Ich wagte es dennoch. WS stellte den Kontakt zu Herrn StKü, dem Projektleiter, her, einem jungen Mann, der Bankkaufmann gelernt hatte und in Lohn und Brot bei einer Sparkasse in Schleswig-

Holstein gestanden hatte, bis er die Genderforschung für sich entdeckte.

Er war nach Hamburg St. Georg an den Pulverteich oder auch in den Pulverteich gezogen. Eine kurze Seitenstraße des Steindamms heißt einfach „Pulverteich", was historisch begründet ist. Sie ist dort, wo die Usbeken in einem Souterrain ihren Gebetsraum hatten und Wohnraum noch bezahlbar war. Somit wusste er sehr genau, wovon in dem Projekt die Rede war, das ihm von der Hafencity Universität anvertraut worden war.

Das Interview mit ihm und seinen drei Grazien, die ich etwas

salopp als „heiter bis wolkig"
beschreiben möchte, war von
Misstrauen geprägt. Dement-
sprechend verlief die Unterhaltung zäh und für meine Ansprüche
unergiebig.

Ich hatte bereits selber beob-
achten können, dass die Gesell-
schaftsstruktur auf St. Georg
kippen könnte und fragte nach
den häuslichen Verhältnissen der
Studentinnen, um näher an ihre
Motivation heranzukommen, eine
Studie über die Lebensqualität
auf St. Georg zu erstellen.

Das wenige, was ich in Erfahrung bringen konnte, bevor sich
der Projektleiter dazwischen
warf, war, dass — zu meiner

nicht geringen Überraschung - keine von ihnen, noch ihre Familien, in St. Georg wohnten und arbeiteten, also den ersten großen Sprung noch nicht geschafft hatten. Erst Hamburgs Süden, dann St. Georg und danach ein Häuschen im Grünen…

Ich war drauf und dran, das Interview abzubrechen, als ich aufgefordert wurde, die direkte Befragung einzustellen und mich mit ihm zu unterhalten. Er würde die Fragen dann an seine Studentinnen weitergeben. Es klang, als ob sie kein Deutsch verstehen würden, wie sie - bis auf die junge Frau aus der ehemaligen Sowjetunion - simulierten, obwohl die eine oder andere Antwort halbwegs verständlich über ihre fast geschlossenen Lippen gekommen war. Ich hatte aber auch noch herausbekommen können, dass die Kommilitoninnen privat keinen Kontakt hätten, was ich bei einer Studie wie die mir unterbreitete, nicht für sinnvoll erachtete.

„Also nicht befreundet?"

„Nein!"

Die Sache war mir suspekt. Ob ich über diese obskure Veranstaltung schreiben würde, war in dem Moment sehr fraglich.

Wenig später erreichte mich eine aufgeregte Nachricht von dem Projektleiter, die sich sehr konspirativ ausnahm. Man hätte meinen können, St. Georg wäre ein einziger Intrigantenstadl oder die Hochburg von Geheimdiensten, die sich mal aus-, mal zuspielten. Wahrscheinlich traf beides zu.

Er habe die Kopie einer Senatsvorlage, so ließ er mich wissen, die wegen ihrer Brisanz in der Schublade einer Behörde schlummere. Er könne sie mir nicht postalisch zuschicken, würde sie aber bei WS abgeben. Wenn ich so freundlich wäre, sie dort abzuholen…

„Von Hand zu Hand" hört sich immer besonders wichtig an. Eine undichte Stelle im Rathaus?

Oder eine Vergesslichkeit am Kopiergerät? Auch das soll es geben, aber auch loyale Kollegen, die das Papier umgehend und ungelesen an die richtige Stelle zurückgeben.

Ich war so freundlich, das Dokument bei WS abholen zu wollen, der um die Brisanz wusste, weswegen ich davon ausging, dass die Senatsvorlage nur bedingt geheim war.

Ich las sie.

Der Inhalt im Groben: Die Zu- und Missstände auf St. Georg sind dem Senat bekannt, es soll aber an dem Kräutchen nicht gerührt werden.

Ähnliches hatte ich etliche Jahre zuvor schon von einem langjährigen SPD Mitglied gehört, der mit der Koordination von Innovationen in Wirtschaft und Industrie betraut worden war und von Erhebungen des Statistischen Bundesamtes zu berichten wusste, die Deutschland und speziell auch Hamburg mit einem besonders hohen Anteil an Ausländern, betrafen. Sie waren im Internet zu finden. Dort hieß es noch um einiges deutlicher, dass St. Georg prozentual eine höhere Kriminalität aufweist, mehr Ausländer beherbergt und pro Quadratkilometer mehr Einwohner hat als St. Pauli.

Meine Aufregung über die geheime Senatsvorlage hielt sich also in Grenzen. Ich verwendete nichts davon in meinem Artikel, sondern reichte sie an eine Persönlichkeit weiter, die damit eher etwas anzufangen wusste, als ich.

Den Artikel stimmte ich mit WS ab, um ihm keine Schwierigkeiten zu bereiten. Er schlug in einem Satz eine andere Formulierung vor, der ich folgte.

WS drehte weiter an dem großen Rad und hatte immer mehr Mitdreher, weswegen das Bezirksamt schon einen kompetenten Mitarbeiter für ihn abgestellt hatte, um ihm mit Rat und Tat zur Seite zu stehen.

St. Georg, so wurde über nicht wenige Jahre durch massive PR der Eindruck erweckt, sei ein El Dorado für Neugründer von Geschäften, Galerien und Agenturen – und kaum einer kam dabei an WS vorbei.

Ihm sei das Quartiersmanagement von St. Pauli angeboten worden, sagte er eines Tages und barst fast vor Hochgefühl.

„Von welchem Quartier dort und von wem?", gab ich zurück.

WS antwortete nicht.

Ich selber brütete über dem i-Tüpfelchen der Aktivitäten, das einen nachhaltigeren Impuls als alle anderen geben könnte.

Der Geburtstag der Siemens AG hätte so einer werden können. Er war als besonders großes Fest angelegt, zu dessen Anlass der Erste Bürgermeister Ole von Beust als Hauptlaudator angekündigt war. Er sollte, so sah es die Regie von WS vor, dem Geschäftsführer als Geschenk zum Feiertag die Zusage überbringen, dass die Hausnummer der Zentrale

Siemens Hamburg von Lindenplatz Nr. 2 in Lindenplatz Nr. 1 geändert wird. Dafür hatte sich WS beim Bezirksamtsleiter von Hamburg-Mitte stark gemacht.

Aus der Hausnummer 1 Lindenplatz wurde nichts. Kurz vor der Party ließ der damalige Bezirksamtsleiter WS wissen, er könne nicht darüber befinden. Die Änderung einer Hausnummer wäre ein Verwaltungsakt, in den er nicht hineinregieren könne.

WS war außer sich. Er sei im Wort. Gegenüber wem, ließ er offen. Die Blamage käme einem Gesichtsverlust gleich, sagte er und meinte es wohl auch so. Ich hielt es für übertrieben.

Er hatte zuvor keine No-Maske getragen. Warum jetzt, wo seine No-No Attitüde mit angelsächsischer Akzentuierung auch gute Dienste leisten würde.

Der Besuch des Bürgermeisters in den Räumen der Siemens AG am Lindenplatz 2 war mit Sicherheit in erster Linie von anderen Aspekten geleitet worden, als den Geburtstag zu begehen, der ein schönes Lichtspektakel von Nachhaltigkeit zeitigte: das Siemens Gebäude wurde nun Abend für Abend nicht blau, sondern vielfarbig beleuchtet und damit zu einem der neuen Leuchttürme für St. Georg.

Auf der Party selber ließ sich WS nichts anmerken, obwohl ihm der Bürgermeister ein paar Worte ins Stammbuch schrieb, die ihn nicht freudig erregt haben dürften.

Von Beust richtete am Anfang seines Toasts auf die Siemens AG und seinen erfolgreichen CEO Westhagemann die Worte an WS. Er merkte an, dass ihm die ständigen Anrufe vom Quartiermanager der IG Steindamm gehörig auf die Nerven gegangen wären. Er hätte deshalb seine Mitarbeiter angewiesen: „Gebt ihm endlich was zu tun, damit er aufhört zu quengeln."

Lachen.

Ich lachte nicht.

Die Siemens AG hat ihren Sitz noch immer am Lindenplatz Nr. 2.

Offenbar war auch der Siemens AG, Niederlassung Hamburg klar geworden, dass es manchmal besser ist, eine alte Hausnummer zu behalten. Michael Westhagemann, der ehemalige CEO der Siemens Niederlassung Hamburg, ist vor kurzem als Wirtschaftssenator der Freien und Hansestadt Hamburg vereidigt worden.

Der Vorstandsvorsitzende der Philips GmbH, Hamburg, der große Konkurrent von Westhagemann, hätte – wie so manch anderer – eigentlich auch schon längst verschwunden gehört, wenn es nach WS gegangen wäre.

WS wurde der Gefallen nicht getan. Der Philips Chef verschwand nicht, sondern wurde auf einen wichtigen Posten des niederländischen Mutterkonzerns berufen.

Die Hamburger Philips GmbH, – zu der Zeit mit Hauptsitz auf St. Georg –, eine Tochter der Philips N.V., Eindhoven in Holland, hatte bei rettungsrelevanter Medizintechnik die Nase vorn, was zu beweisen war, worum sich Philips nach Kräften bemühte.

Siemens Hamburg wäre von der Konzernleitung in München deswegen gerügt worden, sagte WS, der sich in Konzerninterna auszukennen schien, als ob er zur Belegschaft gehörte.

Der Philips Erfolg wurmte WS umso mehr, weil er von dem Konzern kaum Geldmittel für seine St. Georg Projekte bekam. Sie unterstützte eine KiTa auf St. Georg. Darüber hinaus engagierte sich die Philips GmbH bei der Stadtillumination.

Es ergab sich wegen meiner Aktivitäten für St. Georg die seltene Gelegenheit, ein Interview mit dem damaligen Vorstandsvorsitzenden der Philips GmbH in Hamburg zu machen.

Es war ein aufschlussreiches Gespräch, das über Fragen nach therapeutischen Farbtherapien zu „Philips-Blau" führte, wie ich es als Unterscheidung zu „Siemens-Blau", das nun in Hamburg zu „Siemens-Bunt" geworden ist, nannte, und sich im Original des Konzernlogos kaum von „Philips - Blau" unterscheidet, wenn Philips darauf verzichtet, die Sterne in seinem Firmenemblem gelb leuchten zu lassen.

Meine Zusammenarbeit mit der Siemens Niederlassung Hamburg wurde intensiver. Mir war das i-Tüpfelchen eingefallen.

Ich legte dem Hamburger Pressesprecher der Siemens AG, Herrn LK, ein Energiesparkonzept mit präzisen Ausarbeitungen vor. Herr LK nahm sich dessen an und konnte den Kollegen MLn von der Osram AG gewinnen, die technischen Daten dafür zu erstellen.

Das Konzept hatte zum Ziel, die gesamte Kulturszene in wirtschaftliche Entwicklungsprozesse einzubinden und damit den Beweis anzutreten, dass Kultur durchaus in der Lage ist, Geld zu erwirtschaften und nicht nur auszugeben, wie immer wieder geklagt und geschimpft wird. Mein Konzept war durch die Mitarbeit von Herrn LK und Herrn MLn präsentationsreif geworden.

Generalintendant Prof. Hans-Joachim Frey vom Theater am Goetheplatz in Bremen gab uns die Möglichkeit, das Projekt vorzustellen. Es war in jeder Beziehung mustergültig, drang tief in die erneuerungswerten Energiestrukturen ein und eröffnete sogar noch mehr und weitere Perspektiven, als von uns vorher angedacht.

Ausgestattet mit diesen neuen Erkenntnissen bat ich Herrn

Dr. JoB, Geschäftsführer des Deutschen Bühnenvereins - Regionalverband Nord um den Kontakt zu einem bedeutenden Theater für eine weitere Präsentationsmöglichkeit. Er stimmte ausnahmsweise zu und verschaffte sie bei Herrn JoKü, dem damaligen Generalintendanten des Mecklenburgischen Staatstheaters in Schwerin. Ob es auch das Vorpommersche Staatstheater war und ist, ließ und lässt sich aus der Namensgebung nicht erkennen.

Die Herren LK und MLn berichteten mir nach dem Besuch in Schwerin voller Hoffnung, in Zukunft eine Wende erreichen zu können. Selbst die politischen

Hürden schienen sowohl auf Landes- als auch Bundesebene nehmbar zu sein, was - bei aller gebotenen Vorsicht - von gewisser Wahrscheinlichkeit war. Die Kontakte nach Berlin waren eng und wurden zwar nicht enger, aber noch besser, als ich auf Bitte von Frau KaKo, der CDU - Bürgerschaftsabgeordneten und damaligen Vorsitzenden der Frauenunion Hamburg, Herrn KL, den Pressesprecher der Siemens Niederlassung Hamburg, mit der Bitte ansprach, die jährliche Bundesveranstaltung der Frauenunion in Anwesenheit hoher Staatsdiener aller Bundesländer mit CDU Regierungsbeteiligung und der Bundesregierung in den Räumen der

Siemens AG, Niederlassung Hamburg, stattfinden zu lassen und eine Zusage bekam. Die Begründung: Die Konzernzentrale der Siemens AG habe zum ersten Mal in ihrer Geschichte ein weibliches Vorstandsmitglied bekommen und das Thema der Konferenz – Integration von Zuwanderern – passe zum Firmenstandort St. Georg.

Das Energiesparprojekt für Kultureinrichtungen hatte Chancen, sich zu einem Bestseller zu entwickeln. Ich gab das gesamte Konzept inklusive Schlüsselkontakten an Herrn Dr. JoB weiter, der mich zu einem Gespräch mit den Herren KL von Siemens Hamburg und Herrn MLn von der Osram AG in den Deutschen Bühnenverein Regionalverband Nord einlud, wo nicht nur Eckdaten für eine Evaluierungsrunde mit hochrangigen Entscheidungsträger der maßgeblichen Behörden festgelegt wurden, sondern auch Möglichkeiten angesprochen wurden, auf der südarabischen Halbinsel bei der Betreuung von Kulturprojekten, wie gerade in Entstehung befindliche Nationalgalerien und Messen, beleuchtungs- und klimatechnisch federführend zu werden. Nach meinen Informationen waren deutsche Kunst- und Kulturverständige bereits vor Ort. Bei allem Aufhorchen wurde dieser Aspekt nicht bei der etwas später ebenfalls in den Räumen des Deutschen Bühnenvereins Regionalverband Hamburg stattfindenden Evaluierungsrunde berührt, wo Herr MLn von der Osram AG auf Basis der Präsentationen in Bremen und Schwerin vor der geballten Kompetenz der Kulturbehörde als auch der Theaterszene das Energiesparkonzept für Sprechbühnen, Musikheater und Konzertsäle präsentierte.

WS sah ich in den vergangenen Jahren manchmal in der Stadtmitte oder in Pöseldorf, wo er zuvor in meiner Nachbarschaft gewohnt hatte und alte Damen besuchte. Eine davon, die Witwe eines Kiosknabobs, war eine der Spenderinnen von Prof. HoBos Modellkleidern im Museum für Kunst und Gewerbe und Sponsorin für Seniorenheime, wo WS zur Weihnachtszeit Lesungen veranstaltete.

E.T. sah ich zweimal. Das zweite Mal dort, wo der zweitschönste Platz in Hamburg ist, wenn man mit der Binnenalster, einem Kaffee vor der Nase und den Colonnaden im Rücken zufrieden ist.

Er befand sich in Begleitung, was eine längere Unterhaltung ausschloss. Er stand unverzüglich auf, als ich ihm - ob des Wiedersehens freudig erregt - die Hand zum Gruße hinstreckte und knarzte mich in seiner unnachahmlichen Stimme an.

Ich: „Gut schaust Du aus."

Er: *„Und Du erst mal."*

Beiderseitiges Belachen.

Er: *„Wollen wie uns weiter Komplimente machen?"*

Ich: „Setz Dich doch."

Er setzte sich nicht, stellte mich aber seiner Begleitung vor, so dass ich nichts verstand.

Ich: „Was macht St. Georg?"

Die Antwort war viel zu eindeutig, um seine stark gebremste Begeisterung zu verhehlen.

Er trug nicht mehr Schwarz und keinen Hut, sondern ein wie gestärkt aussehendes, hellblaues Oberhemd mit sauber aufgekrempelten Manschetten zu einer gut gebügelten Sommerhose aus Baumwolle und war ausgesucht höflich, aber nicht ironischer als sonst. Das Zufallstreffen war lang genug, um es als Lebenszeichen zu betrachten. Kein Wort über Projekte, neue oder alte Interessen, alte oder neue Netzwerke oder was mich bewegte.

„Tschüs. Mach's gut!"

Ich meinte, E.T.s Handschrift zu erkennen, als ich einige Jahre später in der Kunsthalle eine Ausstellung zum Berliner Kunstsammler Alfred Flechtheim und der Problematik Beutekunst besuchte. Einige Gemälde waren mit dem Hinweis versehen, dass die Eigentümerfrage ungeklärt sei, was ein wenig wie der Aufruf „WANTED!" wirkte. Dazu waren unter anderem Briefe des ehemaligen Kunsthallendirektors Gustav Pauli ausgestellt, der sich an politische Größen der Weimarer Republik wandte, von denen einige in der NS-Zeit weiter wirkten. Er bat um Bewilligung von Geldern für den Erwerb von Gemälden und legte umfangreiche

Berichte über seine Akquisiti-
onstätigkeit von Kunstwerken ab.
Er starb 1938 in München, dürfte
also der Familie Gurlitt auch in
der bayerischen Hauptstadt ein
Freund gewesen sein.

Gustav Pauli war zuvor Direktor
der Kunsthalle Bremen gewesen.
Er wurde dort rund 15 Jahre nach
Kriegsende geehrt, indem der
Bürgermeister - Smidt - Platz in
Schwachhausen, wo es auch eine
Slevogtstraße gibt - Max Slevogt
portraitierte Gustav Pauli -
nach ihm benannt wurde. Bürgermeister Smidt hatte mit dem Kauf
von Bremerhaven der Freien Hansestadt Bremen einen Tiefseeha-
fen an Land gezogen.

E.T. hätte gute Hintergrundarbeit geleistet, wenn er wirklich derjenige gewesen wäre, der die Ausstellung in der Hamburger Kunsthalle generiert hatte, und würde meine Annahme bestätigen, er habe bereits seit längerer Zeit die Kunsthalle für seine Interessen reserviert, was aber wohl als Störfeuer gegen WS hätte verstanden werden können, der versuchte, Frank Otto, einen Sohn des Konzerngründers, für ein Pop Art Museum in St. Georg zu begeistern. Er war damit sehr dicht an E.T.s Kunstreservat herangerückt, das von der Münzstraße am Rande von St. Georg bis zum Hafenrand reichte.

Es knisterte zwischen den beiden gefährlich. Ich hielt mich in sicherer Entfernung.

„Was hältst Du von einem Pop - Art Museum?", fragte mich WS.

„Pop Art und Museum sind wie Eingemachtes im Kräutergarten."

„Ich habe schon mit ihm gesprochen."

„Wo soll denn das überhaupt hin?"

Ich dachte an das Orientzentrum und hatte WS in Verdacht, es umfunktionieren zu wollen.

„In den Central Park."

?

„Du weißt schon."

„Ich weiß nicht."

Wahrscheinlich hatte ich vergessen, WS zu erzählen, dass mich Herr Prof. HoBo für die größte Ignorantin hält, die ihm je begegnet ist.

„Zwischen Besenbinderhof und Museum."

Ich hatte es befürchtet.

„Ich habe es befürchtet", sagte ich frei heraus.

„Du wirst schon sehen, das wird d i e Attraktion."

Ich war es müde, mir Attraktionen einreden zu lassen.

Das Museum kam nicht, obwohl WS eigentlich Recht hatte. Pop-Art nahm seinen erfolgreichen Anfang in Hamburg, allerdings durch den als Playboy bekannten, hochklassigen Fotografen und Kunstsammler Gunter Sachs, der zusammen mit einer wichtigen Galerie an der Milchstraße in Hamburgs Pöseldorf die von ihm erworbenen Andy Warhol Bilder zu profitabler Auktionsreife puschte.

Was fehlt außer einer „Becks World" am meisten in St. Georg? Entspannung.

Statt Moschee ohne Minarettbepflanzung die St. Georg Kirche mit Baumbestand, statt Fastenbrechen mit Yo-Yo Effekt nach Ramadan feuchtfröhliche Fastenzeit nach unserer Art: das Weihnachtsoratorium von Johann Sebastian Bach. Anschließend Schnittchen aus der Gemeindeküche.

Die Ansprache: auch immer Gedenken der Aids Toten. Es gibt sogar „Stolpersteine" für sie, was sie nicht ohne Hintergedanken in die Nähe von KZ-Opfern bringt und in der Kirche eine Gedenktafel mit namentlichen Nennungen, die den Anschein erweckt, es handele sich um Gefallene im Dienste des deutschen Vaterlandes: „Blüh' im Glanze dieses Glückes…". Unsere Nationalhymne – deutscher Text und österreichische Musik – situationsbezogen reduziert.

Die letzten Eintragungen auf der Tafel sind jüngeren Datums. Wer sich dort eintragen lassen möchte oder auf Veranlassung Dritter eingetragen wird – keine Ahnung.

Der Pastor, ein sympathischer Gastgeber ohne pathetische Gesten und Worte, ist der Schwulenszene verbunden, was gut und richtig sein mag, aber die Frage offen lässt, ob Glaube an die Person eines Geistlichen gebunden ist.

Der Makler, Herr KHR, ein St. Georgianer mit Bezug zur Langen Reihe, der St. Georg kennt wie seine Westentasche, traf mich eines Nachmittags zusammen mit Frau AnBlu auf der Langen Reihe und lud uns spontan zu sich nach Hause ein. Frau AnBlu zierte sich zunächst, konnte dann aber doch nicht widerstehen. Es war wohl der Beginn einer guten Kommunikation zwischen ihr und dem Makler KHR.

Als der naturalisierten St. Georgianerin PePa, NS-Verfolgte, Publizistin und international vernetzte Frauenrechtlerin, mit der ich bei verschiedenen Gelegenheiten ins Gespräch kam, das Bundesverdienstkreuz verliehen wurde, gab Herr KHR ihr zu Ehren ein kleines Essen im Hotel „Vier Jahreszeiten", an dem auch die Frau AnBlu teilnahm. Ich war just an dem Tag bei Herrn KHR im Büro zu einem Interview, was wegen des Ereignisses schneller über die Bühne gehen musste, als geplant.

Herr KHR machte mich auch mit einem jungen Bildhauer bekannt, der unter seinen Fittichen auf St. Georg arbeitete, aber – Gender hin oder her – wohl nicht zu der GEDOK gehörte, die in der sogenannten „Koppel 66" an der Langen Reihe beheimatet ist. Ich besuchte ihn. Es war ein sehr intensives Gespräch.

Der Künstler hatte mal zu Studienzwecken als Obdachloser auf der Straße gelebt und war in Indien gewesen. Seitdem war er strenger Vegetarier.

Sein Atelier und seine Arbeiten, die ich dort in einem Hinterhof der Langen Reihe, eine schöne Industriearchitektur aus den Anfängen des 20. Jahrhunderts, sah, transportierten viel von seinen Lebenserfahrungen. Wie BKM hatte auch er wahrscheinlich mehr Freunde und Förderer als der beinahe mönchischen Kargheit seiner Bleibe anzusehen war. Er hatte ein Gästebuch ausgelegt, dessen Eintragungen darauf schließen lassen konnten.

Die GEDOK habe ich immer noch nicht besucht. Sie war von der Wiener Jüdin Ida Dehmel in Hamburg gegründet worden und bis zur Machtergreifung durch die Nationalsozialisten ein von ihr zu nachhaltiger Bedeutung gebrachter Zusammenschluss deutscher und österreichischer Künstlerinnenvereine.

Ich war von der CDU Kulturdeputierten Frau RGi auf die GEDOK aufmerksam gemacht worden. Sie war lange Jahre ihre Vorsitzende gewesen.

Was die GEDOK während der Gleichschaltung durch die Nazis mit den ihr anvertrauten Werken gemacht hat oder mit den Werken gemacht wurde, ist Teil der Aufarbeitung deutsch - österreichischer Geschichte.

Die GEDOK ist heute ein weit über Hamburg hinaus operierendes Kunst- und Literaturforum und wird von der Kulturbehörde der Freien und Hansestadt Hamburg unterstützt.

Dann gucke ich in die Buchhandlung Dr. Wohlers am Carl-v.-Ossietzky-Platz rein, ob E.T., der Kunst- und Büchersüchtige, sich mit einem Band aus seinem bewegten Vorleben zwischen Marketing- und PR-Fachmann, Kultur- und Stadtteilreformer wie auch Kunstsammler und -händler platzieren konnte.

Das war damals.

„Ich bin gerade bei der Bank. Hoffentlich klappt es."

„Was?"

„Ich muss ein Bild verkaufen."

„Muss das sein?"

„Ja…"

„Pass auf."

„Du kannst mir die Daumen drücken."

„Ich bin ganz schlecht im Daumendrücken."

Danach wieder Silbenrätsel. Soviel ich verstand, war die Bank *„an der Ecke"*. *„Bank"*, hatte er gesagt, nicht Kneipe.

Ich versuchte, mir vorzustellen, welche Bank im Bereich St. Georgs an einer Ecke liegt und mit Gemälden handelt.

Wie immer, hatte E.T. von unterwegs angerufen. Es war Spätherbst, stürmisch und dunkel. Seine Stimme zitterte. Ob vor Aufregung oder vor Kälte, war schwer auszumachen. Ich meinte, er stand auf einer Brücke.

Das erste Mal, als ich E.T. nach unseren St. Georg Aktivitäten wiedersah, war vor der Haspa (Hamburger Sparkasse) Hauptfiliale an der Ecke Jungfernstieg – Ballindamm gewesen. Es war kalt und wehte sehr.

Die ganze Gegend ist eine einzige Schleuse. Nach dem Bau der „Europapassage", wo unter anderem das Restaurant „Haus Vaterland" die Essensmarken der umliegenden Firmen – hauptsächlich eines großen Versicherungskonzerns in nächster Nachbarschaft - gegen einen nahrhaften Mittagstisch einlöste, ist sie es nicht mehr, aber auch nicht weniger.

E.T. war wie bei unserem ersten Zusammentreffen von oben bis unten schwarz gekleidet. Er sah viel kleiner aus, als ich ihn in Erinnerung hatte und wirkte angestrengt. Seine hellen Augen mit dem bohrenden Blick lagen noch tiefer als sonst. Wir wechselten nur die notwendigsten Höflichkeitsfloskeln.

„Was macht St. Georg?"

Er lästerte über die - seiner Meinung nach - hoffnungslos rückständige Kunst- und Kulturauffassung in Hamburg. Das kannte ich. Irgendwann würde er bei „Flux" landen, eine Malweise wie auch Temperamentslage, die genauso ist, wie sie heißt und nicht mehr der allerneueste Schrei ist, aber gesammelt wird wie „Aristide" von Toulouse-Lautrec wegen des roten Schals und teuer ist wie Richter. „Und was machst Du sonst so?"

Er machte sonst nichts.

Ich weiß nicht, warum ich nicht spontan einlud, um zu klönen und warum er nicht wie früher sagte: *„Wir gehen einen Espresso trinken, wenn Du bezahlst"*, um dann einen Cappuccino zu bestellen.

Stattdessen:

„Tschüs, mach's gut.".

„Mach's besser."

Bitte umblättern

Bibliothek zum Thema
dieses Buches

Heikle Freundschaften – Mit den Putins Russland erleben

Authentische Information über die neue russische Polit-Oberschicht und die Familie des Staatspräsidenten Putin vermittelt dieser autobiographische Bericht von Irene Pietsch. Die Autorin schildert ihre langjährige Freundschaft mit Ljudmila Putina und berichtet über ihre Gespräche und Diskussionen mit Wladimir W. Putin über die Reformen in Russland, sein Verhältnis zu Europa und den USA, die Beziehung von Staat und Religion und die Probleme bei der Entwicklung zu einem demokratischen Staat.

Molden Verlag Wien, 2001

Der vierte Alliierte

„Der vierte Alliierte" beschreibt den abenteuerlichen Weg des Buches „Heikle Freundschaften – Mit den Putins Russland erleben". Es war als Brückenbauer zwischen Ost und West gedacht und wurde zum Agententhriller.

Mandamos Verlag Hamburg 2018

Gattissimo

„Gattissimo" ist die Geschichte einer ungewöhnlichen Partnerschaft, die durch Schwarzweiss – und Farbcollagen dargestellt wird.

Mandamos Verlag Hamburg 2017

DoKa

Landarzt mit Zukunft, Russlands Beitrag zur Kultur Europas in Modest P. Mussorgskys „Bilder einer Ausstellung", ist außerdem Dramaturg des großen Rätselratens um Nachspielzeiten in seiner bewegten Familiengeschichte, die er versucht, mit Mussorgskys Hilfe aufzudecken.

Mandamos Verlag Hamburg 2016

Jabo Clic

Herr Grotschy stimmt als Wiener mit Haydn auf Wien ein und führt über den Prater, Mozarts Armengrab auf dem Marx'schen Friedhof zum Schottenstift. Dabei legt er eine Spur zu Haydns energetischer Obsession, die mehr als eine Begehrlichkeit weckt.

Mandamos Verlag Hamburg 2016

Jabo Noi

Geschichten mit Skandalen aus Hamburg - Rotherbaum, recher- chiert und erzählt von Herrn Grotschy.

Mandamos Verlag Hamburg 2017

Jabo Port

Eine Traumhochzeit im Stephans- dom zu Wien, an der tout le monde teilnimmt und keiner etwas davon wissen darf.

Die Herren Grotschy und Smaragd ermitteln.

Mandamos Verlag Hamburg 2018

Dreimastbark Robbenklasse

Das Logbuch eines Kulturprojekts

Was treibt die Helden der Fabel um, Notwendigkeiten von Erfindungsreichtum in Zeiten der Not zu erzählen?

Die Lösung: ein Jahrestag.

Mandamos Verlag Hamburg 2017

Der kleine Mecklenburger

Ordinarius Villanova und Ordinarius Veccius machen sich auf den Weg, um den östlichen Nachbarn kennen zu lernen und erleben ein Konzert aus großem Theater, Oper und Kabarett.

Mandamos Verlag Hamburg 2016